Das Protein *Kochbuch*

Rose Marie Donhauser

Das Protein Kochbuch

Gesund, fit und schlank durch pflanzliche Proteine

südwest

INHALT

EIWEISS AUS DER NATUR – GO GREEN PROTEIN

Alles, was wir zum Leben brauchen, ist in der Natur, und zwar im Pflanzenreich, vorhanden. Deshalb gilt es, pflanzliche Lebensmittel durch abwechslungsreiches Essen so geschickt wie möglich miteinander zu kombinieren, damit alle körperlichen Funktionen unseres Stoffwechsels reibungslos ablaufen können. Mit der aufgenommenen Nahrung sollen selbst die kleinsten Zellen gut versorgt werden und wir genügend Energie als Brennstoff bekommen. Zudem soll unser Immunsystem stark bleiben.

Die Hauptnährstoffe unserer Nahrung sind Proteine (Eiweiße), Fette und Kohlenhydrate, die sich mit unterschiedlichen Anteilen an Mineralstoffen, Vitaminen, Spurenelementen und sekundären Pflanzenstoffen in den Lebensmitteln befinden. Wie viel wir an hochwertigen Proteinen brauchen, ist individuell davon abhängig, welchen Lebensstil wir führen und welchen Herausforderungen wir uns stellen müssen. Es macht einen Unterschied, ob Lärm, Stress und schlechte Luft in der Stadt unser Umfeld bestimmen oder Ruhe und Beschaulichkeit auf dem Land. Brauchen wir mehr Nervennahrung, mehr Energie für vielfache Alltagsbelastungen und mehr Kalorien für Ausdauer, Sport und Kopfarbeit? Welche Proteinquellen geben unserer Fitness mehr Power und fördern einen gezielten Muskelaufbau? Kann man mit einer proteinreichen »grünen« Ernährung das Gewicht reduzieren? Dieses Buch informiert über das pflanzliche Eiweiß in unserer Ernährung und verführt mit abwechslungsreichen Rezepten.

»Go Green Protein« ist ein großer Schritt in Richtung natürlicher »Lebens-Mittel«, um die körperliche Fitness und das Wohlbefinden mit pflanzlichen Proteinen zu decken.

Rose Marie Donhauser

PROTEIN – WAS IST DAS?

Im Jahr 1839 wurde erstmals der Begriff »Protein« von dem Niederländer Gerardus Johannes Mulder als Ersatzwort bzw. allgemeingültiger Begriff für Eiweiß in wissenschaftlichen Abhandlungen erwähnt.

Als Protein werden chemische Verbindungen mit einer Grundstruktur aus Kohlenstoff, Wasserstoff, Sauerstoff und – was sie von Fetten und Kohlenhydraten unterscheidet – Stickstoff bezeichnet. Gerade über diesen Stickstoff ist es möglich, den Proteinumsatz eines Menschen zu bestimmen, indem man die Endprodukte des Stickstoffstoffwechsels im Urin misst.

20 BAUSTEINE FÜR ALLE LEBEWESEN

Proteine sind einzigartig, wie es schon der griechische Name *proteno* (»ich nehme den ersten Platz ein«) sagt. Einzigartig, weil lebenswichtig und damit unverzichtbar. Sie sind Bestandteile von Zellstrukturen und werden im Stoffwechsel von Menschen, Pflanzen, Tieren, Pilzen, Bakterien und Hefen gebildet. Ihre einzelnen Bausteine bezeichnet man als Aminosäuren. Proteine können aus mehr als 100 Aminosäuren bestehen.

Wie viel Protein braucht der Mensch?

Die Deutsche Gesellschaft für Ernährung (DGE) empfiehlt eine Proteinzufuhr von 0,8 Gramm pro Kilogramm Körpergewicht pro Tag für Erwachsene ab dem 19. bis zum 65. Lebensjahr, bezogen auf das Referenzgewicht. Das entspricht einer Zufuhr von 57 bis 67 Gramm Protein pro Tag. Darüber hinaus wird für Menschen ab dem 65. Lebensjahr ein etwas höherer Proteinbedarf zum Funktionserhalt von 1,0 Gramm pro Kilogramm angegeben, der allerdings als Schätzwert gilt, da er nach vorliegenden Studien nicht mit der entsprechenden Genauigkeit bestimmt werden kann. Es wird jedoch davon ausgegangen, dass für die körperliche Funktionalität in diesem Alter eine höhere Proteinzufuhr erforderlich ist.

Welche Lebensmittel sind reich an Protein?

Die DGE spricht zudem Empfehlungen aus, wie diese Menge an Protein über den Verzehr proteinreicher Lebensmittel erreicht werden kann. Dazu zählen vor allem Hülsenfrüchte wie Soja, Linsen und Erbsen. Doch auch Getreideprodukte wie Brot tragen zur Versorgung mit Protein bei. Dies ist vor allem interessant für Vegetarier und Veganer. Für Mischköstler empfiehlt die DGE ferner tierische Lebensmittel wie Fleisch, Fisch, Milchprodukte und Eier.

Welche Aminosäuren gibt es?

Der menschliche Körper benötigt 20 verschiedene Aminosäuren zur Bildung von Proteinen. In der Fachsprache spricht man dabei von »proteinogenen« Aminosäuren, da sie »Protein erzeugen«. Elf entbehrliche (früher: nicht essenzielle) Aminosäuren können bei Anwesenheit von ausreichenden Mengen an Stickstoff vom Körper selbst aufgebaut werden. Die anderen neun unentbehrlichen (früher: essenziellen) Aminosäuren müssen über die Nahrung zugeführt werden, und zwar regelmäßig, da unser Körper keine Proteinreserven bilden kann (siehe Kasten unten). Aminosäuren sind an Auf- und Umbauprozessen im Körper beteiligt. So wird beispielsweise aus der Aminosäure Tryptophan im Gehirn der Wohlfühlstoff Serotonin gebildet. Die Aminosäuren Phenylalanin und Tyrosin sind beispielsweise an der Bildung von Stoffen für Konzentration und Wachsamkeit beteiligt.

AMINOSÄUREN

Um Körpereiweiß aufbauen zu können, benötigt der Körper Aminosäuren.

UNENTBEHRLICHE AMINOSÄUREN	ENTBEHRLICHE AMINOSÄUREN
müssen von außen zugeführt werden	kann der Körper selbst bilden
Isoleucin, Leucin, Lysin, Methionin, Phenylalanin, Threonin, Tryptophan, Valin (und Histidin für Säuglinge)	Alanin, Arginin, Asparagin, Asparaginsäure, Cystein, Glutamin, Glutaminsäure, Glycin, Prolin, Serin, Tyrosin

Was passiert mit dem Nahrungsprotein?

Jede Nahrung, die wir aufnehmen, wird im Körper während der Verdauung in ihre Einzelteile zerlegt. Während die Verdauung der Kohlenhydrate mithilfe des Speichels schon im Mund beginnt, fängt die Zerlegung der Proteine im Magen an und wird dann mithilfe von Enzymen im Dünndarm fortgeführt. Das Ergebnis sind die Einzelbausteine, die Aminosäuren. Diese sind so klein, dass sie über die Darmwand ins Blut gelangen können, mit dem sie dann in alle Zellen transportiert werden. Dort werden sie zu vielfältigen Funktionen herangezogen, etwa zum Aufbau von Muskeln, Knochen oder ganzen Organen wie der Leber.

Zu wenig Protein

Um körpereigenes Protein aufbauen zu können, braucht der menschliche Körper Nahrungsproteine als Bausteine. Bekommt der Körper zu wenig unentbehrliche Aminosäuren mit der Nahrung zugeführt, versorgt er sich zunächst selbst, indem er körpereigenes Protein aus der Muskulatur abbaut und weniger Stickstoff ausscheidet. Doch dadurch, dass Muskelmasse abgebaut wird, werden die Muskelfunktionen beeinträchtigt. Speziell bei älteren Menschen kann dies die Gefahr für Gebrechlichkeit erhöhen. Zudem führt ein längerer Mangel an Proteinen zu Stoffwechselbeeinträchtigungen und deren Folgen.

Zu viel Protein

Doch auch ein Zuviel an Nahrungsprotein kann kontraproduktiv sein. Durch höher dosierte Mengen kann die feine Balance des Aminosäurestoffwechsels beeinträchtigt werden bzw. können die Nieren in ihrer Funktion überfordert werden. Die Nieren sind der Ort, an dem die stickstoffhaltigen Verbindungen, die wieder ausgeschieden werden sollen, so umgebaut werden, dass sie in Form von Harnstoff den Körper über den Urin verlassen. Laut EFSA (European Food Safety Authority, die Europäische Behörde für Lebensmittelsicherheit) ist die zweifache Menge der angegebenen empfohlenen Referenzwerte noch in Ordnung. Sollte aber jemand eine persönlich höhere Zufuhr wählen, so gilt die Empfehlung, ausreichend zu trinken, damit der Harnstoff über die Nieren gut ausgespült werden kann.

Was besagt die biologische Wertigkeit?

Um zu verstehen, welche Mengen an zugeführtem Nahrungsprotein vorteilhaft sind, soll hier noch die biologische Wertigkeit der Proteine erklärt werden. Wissenschaftler definieren damit die Qualität von Nahrungsprotein, um daraus körpereigenes Eiweiß aufbauen zu können. Sie setzen dabei das Hühnerei als Referenzsubstanz ein, da es alle unentbehrlichen Aminosäuren enthält. Einem Gartenzaun gleich, bei dem die Höhe der Abgrenzung durch eine abgebrochene, zu niedrige Latte reduziert wird, bestimmt die im Lebensmittel am wenigsten vorkommende Aminosäure (die sogenannte limitierende Aminosäure) die Qualität des Proteins. Bei der Ernährung kommt es also darauf an, in einer Mahlzeit verschiedene Lebensmittel miteinander so gut zu kombinieren, dass möglichst viel körpereigenes Protein aufgebaut werden kann. So sind Hülsenfrüchte gute Proteinquellen, die bestens durch Pseudogetreide-, Reis- oder Getreideprotein ergänzt werden können. Wenn dann auch noch Samen und Nüsse auf dem Speiseplan stehen, kann man bewusst auf Fleisch und Co. verzichten.

LIMITIERENDE AMINOSÄUREN IN PFLANZLICHEN PROTEINQUELLEN

Durch die geschickte Kombination von Lebensmittelgruppen kann die biologische Wertigkeit von Mahlzeiten angehoben werden.

LEBENSMITTELGRUPPE	LIMITIERENDE AMINOSÄUREN	GEEIGNETE KOMBINATIONEN	BEISPIELE
Hülsenfrüchte	Methionin	Getreide, Nüsse, Samen	Emmerbrot mit gemischten Kernen (siehe Seite 150)
Getreide	Lysin	Hülsenfrüchte	Bohnensalat mit Mais und Walnuss (siehe Seite 62)
Nüsse/Samen	Tryptophan, Threonin	Hülsenfrüchte	Schwarzaugenbohnen mit Erdnuss (siehe Seite 106)
Gemüse	Methionin	Getreide	Gemüse-Graupen mit Räuchertofu (siehe Seite 101)

Quelle: https://vegane-proteinquellen.de

Brauchen Sportler mehr Proteine?

Menschen, die regelmäßig (viel) Sport betreiben, müssen speziell auf eine gesunde vitaminreiche und ausgewogene Ernährung achten, die aus Eiweiß, Fetten und Kohlenhydraten besteht. Besonders der Bedarf an Proteinen ist hoch, da diese die Muskelbildung – Muskeln bestehen zu etwa 20 Prozent aus Protein – unterstützen und halten, das Gewebe festigen und die Regeneration nach Höchstleistungen fördern.

Generell brauchen Sportler für Kondition, Ausdauer und Belastbarkeit mehr Eiweiß als die empfohlenen Richtwerte, denn durch eine unzureichende Versorgung steigen sowohl das Verletzungs- als auch das Infektrisiko. Kraftsportlern, die gezielt Muskelaufbau betreiben, wird sogar noch etwas mehr Protein empfohlen, hierzu ist es allerdings anzuraten, je nach Trainingsintensität entsprechende Ernährungstrainer zurate zu ziehen.

Abnehmen bei proteinreicher Ernährung

Sobald unser Körper im Ruhezustand ist und gerade keine Energie benötigt, wandelt er als Erstes Kohlenhydrate in Fett um. Das Prinzip ist also ganz einfach und lässt sich wie folgt beschreiben: Deutlich weniger Kohlenhydrate auf dem Speiseplan integrieren und durch stoffwechselaktives Protein austauschen. Mit diesem Ernährungsprinzip sind Low-Carb-Diäten, deren Vorläufer Atkins, Trennkost und South-Beach-Diät waren, bekannt geworden, denn Eiweiß macht länger satt und wird durch den appetitzügelnden Effekt infolge von Kohlenhydrateinschränkung unterstützt. Um eine Gewichtsreduzierung zu erreichen, ist eine proteinreiche Ernährung also durchweg empfehlenswert, möglichst in Verbindung mit Bewegung bzw. Sport.

ERNÄHRUNGSFORMEN

»Instinktiv« wurden pflanzliche Lebensmittel schon immer so geschickt kombiniert, dass sich die unterschiedlichen Aminosäurespektren gut ergänzen und somit eine hohe biologische Wertigkeit entstehen kann: Mais oder Bohnen mit Reis, Tempeh und Reis oder Linsen mit Reis. Viele Länderküchen zeugen davon.

Veganer und Vegetarier

Veganer essen alles »ohne Tier«, auch keine tierischen Produkte wie z. B. Honig, Milch oder Eier. Für sie ist es selbstverständlich, ihre Eiweißquellen aus der Natur unter anderem in Form von Hülsenfrüchten (z. B. Soja) und Getreide zu beziehen. Entsprechende Rezepte sind in diesem Buch mit dem Wort »vegan« gekennzeichnet.

Vegetarier essen »kein Tier«, aber tierische Produkte wie Honig, Milch und Milcherzeugnisse sowie Eier. Für diese fleischlosen Esser ist es im Vergleich zu Veganern etwas einfacher in der Vielfalt und Kombination beim Kochen.

Flexitarier und Reduzierer

Immer mehr Mischköstler (»omnivore Esser«, die sowohl tierische als auch pflanzliche Nahrung zu sich nehmen) reagieren flexibel und reduzieren bewusst den Konsum von Fleisch, Fisch und vor allem von ungesunden Fertigprodukten – begründet in dem Mehr an Wissen rund um die Herstellung von Lebensmitteln, kombiniert mit einem wachsenden ökologischen Bewusstsein. Doch auch das Bedürfnis nach mehr Gesunderhaltung lässt Konsumenten gezielt ihr persönliches Essverhalten (ver)ändern. Der reduzierte Verzehr von tierischen Lebensmitteln kann als Antwort auf die Ablehnung der Massentierhaltung sowie auf den Wunsch nach mehr Nachhaltigkeit (Sustainability) verstanden werden.

Aufwertung von pflanzlichen Proteinen

Immer öfter ist von »Plant-based Food« die Rede, also von pflanzlicher Nahrung, die hochwertige Proteine mit gesundheitsfördernden Inhaltsstoffen aufweist und tierischen Proteinen in nichts nachsteht. Zudem hat die kulinarische Globalisierung auch die heimische Küche mit vielen neuen internationalen Gerichten und kreativen Rezepten bereichert, sodass der vermeintliche Verzicht auf tierische Produkte zu einem abwechslungsreichen und genussvollen Gewinn wird.

Zukunftsprognosen deuten darauf hin, dass pflanzliche Lebensmittel für eine abwechslungsreiche und innovative Ernährung eine immer größere Rolle spielen werden, vor allem bei Hauptgerichten. Der Anteil von Flexitariern und Reduzierern nimmt stetig zu, und Veganer sowie Vegetarier haben mittlerweile eine immense Auswahl an »Produkten ohne Tier«.

ERNÄHRUNGSUMSTELLUNG

Das V-Label, ein international geschütztes Gütesiegel zur Kennzeichnung von vegetarischen und veganen Lebensmitteln, bietet Informationen und Hilfe bei einer Ernährungsumstellung. VEBU ist die größte Interessenvertretung vegetarisch und vegan lebender Menschen in Deutschland. Die Kennzeichnung mit dem Label auf Lebensmittelverpackungen und auch auf Speisekarten hilft, kein Produkt mit »verstecktem Tier« zu kaufen oder zu essen.

Mehr unter: https://vebu.de

Hinweis für die Rezepte

Alle Rezepte in diesem Buch sind vegetarisch und viele auch vegan bzw. glutenfrei, wie die Auszeichnungen neben den Rezepttiteln zeigen.

Hülsenfrüchte, Getreide, Pilze und Nüsse sind, in Bezug auf ihren Proteingehalt, die neuen Superstars in unserer Alltagskost.

HÜLSENFRÜCHTE

Energie, Schönheit und Wohlbefinden kann man essen. Den wertvollsten Beitrag dafür liefern Hülsenfrüchte, denn sie sind die proteinreichsten pflanzlichen Lebensmittel, die uns aus der Natur zur Verfügung stehen. Der hohe Nährwert liegt zudem in der Fülle an Vitaminen, Spurenelementen und Mineralstoffen.

Zur botanischen Familie der Hülsenfrüchtler, auch Schmetterlingsblütler oder Fabaceae oder Leguminosae genannt, gehören Bohnen, Erbsen, Erdnüsse, Kichererbsen, Linsen, Lupinen und Sojabohnen. Bei ihnen allen bilden sich die Samen – also das, was wir auch als Bohnen oder Bohnenkerne bezeichnen und essen – in den Früchten aus, die man Hülsen nennt. Hülsen entstehen, botanisch betrachtet, aus einem einzigen Fruchtblatt, das bei der Reife trocknet und sich an Bauch- und Rückennaht – der ehemaligen Mittelrippe des Fruchtblattes – öffnet, um den Samen freizugeben.

Bohnen

Als ein bunter Reigen von Weiß, Grün, Rot, Braun bis Schwarz stellen sich die Bohnen dar. Eine immense Proteinpotenz steckt in diesen Hülsenfrüchten, die sogar mehr Protein aufweisen als viele Fleisch- oder Fischarten mit ihrem tierischen Eiweiß. Bohnenanbau findet weltweit statt. Viele nationale Gerichte sind dabei entstanden, die alle durch eine gute Mischung von verschiedenen Aminosäuren ihre biologische Wertigkeit erhöhen – ob nun (Vollwert-)Reis mit Sojabohnen in Asien oder Bohnen mit Mais in Lateinamerika.

Dicke Bohnen (lat. *Vicia faba*) haben viele Namen wie beispielsweise Ackerbohne, Puffbohne oder Saubohne. Diese Hülsenfrüchte stammen ursprünglich aus dem mediterranen Raum. Nach der Ernte werden die Kerne aus den Hülsen gelöst und entweder frisch gekocht, eingefroren oder getrocknet.

Grüne Bohnen (lat. *Phaseolus vulgaris*) sind auch als Fisolen oder Gartenbohnen bekannt und haben bei uns von Juni bis Oktober Saison. Ansonsten gibt es sie ganzjährig frisch aus anderen Ländern, als Tiefkühlware oder gegart in Konserven und Gläsern. Grüne Bohnen sind reich an B-Vitaminen, Kalium und Magnesium. Wenn möglich, sollten Sie Tiefkühl-Bohnen den konservierten Bohnen vorziehen, denn die Vitaminverluste sind geringer.

Kidneybohnen (lat. *Phaseolus vulgaris*) sind eine farbige Variante unserer grünen Gartenbohne. Das wohl berühmteste Gericht mit den leicht süßlich schmeckenden roten Bohnen, die von der Form her wie eine Niere aussehen (*kidney* aus dem Englischen übersetzt heißt »Niere«), ist das Chili con Carne. Für Vegetarier heißt die pflanzliche Variante analog Chili con Tofu. Kidneybohnen sind bei Sportlern sehr beliebt, denn der hohe Eiweißanteil von 25 Prozent sowie der Gehalt an Kalzium, Magnesium, Eisen und Kalium überzeugen. Im Handel werden sie getrocknet oder gekocht als Konservenware angeboten.

Mungobohnen (lat. *Vigna radiata*) gibt es in sehr vielen Sorten, wobei bei uns die grünen milden Mungobohnen verwendet werden. Diese Bohnenkerne werden getrocknet und kommen entweder geschält und halbiert oder im Ganzen auf den Markt. Nach der Einweichzeit haben sie eine eher kurze Garzeit und können für Salate, Suppen und Eintöpfe verwendet werden. Noch bekannter als die Mungobohnen sind ihre Sprossen, die problemlos zu Hause gezogen werden können und oft fälschlicherweise als »Sojasprossen« in den Handel gelangen.

Sojabohnen

Der Sojabohne (lat. *Glycine max*) gebührt an dieser Stelle besondere Aufmerksamkeit, denn sie besitzt fast das gleiche Aminosäurespektrum wie ein Hühnerei und ist in ihrer Verwendung sehr vielseitig. Ihre Heimat liegt in China und Japan, doch heutzutage werden Sojabohnen weltweit von Amerika über Argentinien und Brasilien bis nach Afrika angebaut – leider oft in riesigen Monokulturen. In Deutschland werden deutlich geringere Mengen produziert, diese dafür aber hauptsächlich im ökologischen Anbau. Sojabohnen enthalten über 37 Prozent wertvolles Eiweiß und sind deswegen vor allem für Vegetarier und Veganer von großer Bedeutung. Sojabohnen werden weiterverarbeitet zu Mehl, Öl, Sauce, Granulat, Paste, Drink und Joghurt sowie zu Tofu und Tempeh. Als Knabberei lassen sich getrocknete Sojabohnen rösten (Rezept siehe Seite 121) oder frische Sojabohnen als Edamame zubereiten.

Rohe Sojabohnen sind klein und können oval, flach oder rund sein. Die Farbe geht von Grün, Gelb, Braun bis Schwarz. Roh sind sie nicht genießbar, weshalb sie eingeweicht und gegart werden müssen.

Edamame sind unreif geerntete Sojabohnen in der grünen Hülse und werden gegart und mit Meersalz und Sesam als Snack geknabbert, wobei man nur die ausgepalten Bohnen genießt und die Umhüllung übrig lässt (Rezept siehe Seite 118).

Sojadrink wird aus Sojabohnen gewonnen. Die Flüssigkeit darf nicht »Sojamilch« genannt werden, da »Milch« ein gesetzlich geschützter Begriff ist. Um sie herzustellen, wird der Presskuchen, der bei der Pressung der Bohnen zu Öl entsteht, mit Wasser aufgekocht.

Sojacreme, auch Sojasahne genannt, besteht aus Sojadrink, Pflanzenöl und natürlichen Emulgatoren.

Sojasauce ist nicht für jeden geeignet. Glutenallergiker sollten bei Sojasauce aufpassen. Während die japanische Sojasauce Tamari glutenfrei ist, enthalten andere Sojasaucen Weizen.

Tofu, der aus Sojabohnen gewonnene Bohnenkäse, wird auch »Fleisch vom Feld« genannt, da er ein wichtiger Eiweißlieferant ist und sich vielfältig zubereiten lässt. Um Tofu herzustellen, werden eingeweichte Sojabohnen fein zerkleinert, gekocht und abgepresst. Die aus diesem Verfahren gewonnene Flüssigkeit wird mit natürlichem Bittersalz (gewonnen aus Meersalz) zum Gerinnen gebracht. Die geronnene Masse kommt in Presskästen und der verbliebene Quark wird ausgepresst. Tofu wird in verschiedenen Konsistenzen und Geschmacksrichtungen im Handel angeboten:

- Seidentofu hat den größten Wasseranteil und ist dadurch cremig und sehr weich.

- Der japanische Tofu ist mittelfest. Meist wird mittelfester Tofu im Handel angeboten.

- Der chinesische Tofu ist eher hart bzw. am trockensten.

- Tofu natur ist schnittfest und meist in Lake eingelegt.

- Räuchertofu ist fester, kompakter als Tofu natur und wird über Buchenholz geräuchert.

Tempeh Dieses fermentierte Sojaprodukt stammt aus Indonesien. Dazu werden getrocknete Sojabohnen mit Sporen von Schimmelpilzkulturen *(Rhizopus)* beimpft. Tempeh kann man als Kühl- und Tiefkühlprodukt kaufen. Geschmacklich ist es eine Alternative für »Tofu-Muffel«, da es leicht nussig und säuerlich schmeckt.

Natto Diese japanische Version des indonesischen Tempehs ist in asiatischen Läden erhältlich. Das fermentierte Sojaprodukt wird mit *Bacillus subtilis* geimpft, wodurch das Eiweiß der Sojabohnen aufgeschlossen wird.

Erbsen

Erbsen (lat. *Pisum sativum*) gehören wie Bohnen und Linsen zu den Hülsenfrüchtlern. Ihre Heimat liegt im östlichen Mittelmeerraum, in Vorder- und Mittelasien, von wo aus sie sich über die ganze Welt ausbreiteten. Die Erbse zählt weltweit zu den ältesten Kulturpflanzen. Es ist eine einjährige, bis zu 2 Meter hohe Kletterpflanze, an der 3 bis 12 Zentimeter große längliche grüne Hülsen mit kugeligen Samen wachsen. Führende Erbsenanbauer sind Kanada, Russland, Indien, China und die Türkei. Weltweit gelangen wesentlich mehr getrocknete Erbsen als frische Erbsen in den Handel – die Summen gehen jeweils in die Millionen Tonnen. Lange Zeit wurden Erbsen nur im getrockneten Zustand verwendet, denn auf die Idee, diese frisch in der begrenzten Saison zu essen, kam anscheinend niemand. Dies ist wohl der jahrelangen problemlosen Lagerfähigkeit der Trockenerbsen in Zeiten ohne Konservierung und Kühl- oder Tiefkühlmöglichkeit geschuldet.

Die Liste der gesundheitsfördernden Inhaltsstoffe der Erbse ist sehr lang. Hervorzuheben ist der hohe Gehalt an Eiweiß, faserigen Ballaststoffen, Mineralstoffen von Kalium über Eisen bis Zink, die Vitamine E, A und C. Erbsen enthalten zudem Antioxidantien, die durch die Kombination von

Veganer und Vegetarier schätzen Linsen sehr, da sie proteinreich sind und sich vielfältig zubereiten lassen. Rezepte aus vielen Länderküchen zeugen davon.

Magnesium mit Nukleinsäuren (wichtig bei der Weitergebung der Erbsubstanz einer jeden Zelle) eine Anti-Aging-Wirkung erzeugen. Erbsen machen tatsächlich jünger, weil diese wertvollen Inhaltsstoffe turbomäßig dazu beitragen, verbrauchte Zellen schneller durch neue zu ersetzen, quasi eine Verjüngung der Zellstruktur. Sportler schätzen das Erbsenprotein mit seinen hohen Mengen der Aminosäuren Lysin und Arginin, welche die Ausdauer sowie die Leistungsfähigkeit positiv unterstützen. Es wird vielfach auch als Pulver bzw. Nahrungsergänzungsmittel angeboten. Zudem tragen die enthaltenen Zuckerstoffe sofort zur Regenerierung nach großen Anstrengungen bei.

Wie bei allen Hülsenfrüchten sollte das Erbseneiweiß idealerweise mit Getreide wie z. B. Hirse oder Reis wirkungsvoll ergänzt werden, um die biologische Wertigkeit zu erhöhen.

Auf dem Markt

Es ist eine große Zahl von Erbsenvarietäten bekannt, die nach Größe, Form und Farbe unterschieden werden. Während die Feld- oder Ackererbse als Tierfutter genutzt und nicht für den menschlichen Verzehr verwendet wird, unterscheidet der Lebensmittelhandel zwischen Mark-, Pal-, Zucker- und Trockenerbsen.

Markerbsen sind die grünen zarten Kügelchen, die wegen ihres zehnprozentigen Zuckergehalts leicht süßlich schmecken. Man sollte die tiefgekühlten Erbsen der konservierten Dosen-/Glasware vorziehen, da diese noch weit mehr gesundheitsfördernde Inhaltsstoffe vorweisen. Getrocknet werden Markerbsen nicht, da sie dann beim Kochen nicht weich werden.

Palerbsen werden auch Kneifel- oder Schalerbsen genannt. Sie kommen meist getrocknet – als gelbe oder grüne Erbsen – und geschält in den Handel, da die Schale schwer verdaulich ist und der Kochvorgang ohne Schale um die Hälfte reduziert wird.

Zuckererbsen sind auch unter dem Namen Kaiserschoten bekannt. Es handelt sich um unreife fleischige zarte Hülsen, in denen die noch nicht entwickelten Samen stecken. Sie werden frisch oder tiefgekühlt im Ganzen verwendet und gehören zu den beliebtesten Erbsensorten.

Getrocknete Erbsen Als Trockenerbsen bezeichnet man alle Erbsen, die in der Hülse an der Pflanze ausreifen. Die FAO (Food and Agriculture Organization of the United Nations, die Ernährungs- und Landwirtschaftsorganisation der Vereinten Nationen) hat das Jahr 2016 zum »internationalen Jahr der Hülsenfrüchte« ausgerufen. Vor allem der hohe Eiweißgehalt ermöglicht es Menschen, die auf tierisches Eiweiß verzichten, ihren Proteinbedarf zu decken. Interessant ist wiederum, dass getrocknete Erbsen im Gegensatz zu frischen Erbsen einen höheren Eiweißgehalt haben. Sie gehören generell zu den wichtigsten pflanzlichen Eiweißlieferanten.

Erdnüsse

Die Erdnuss (lat. *Arachis hypogaea*), auch Kamerun- oder Aschantinuss genannt, ist ebenso eine Hülsenfrucht, die sich bei der Reife jedoch nicht von alleine öffnet. Die Erdnuss wird deshalb ob ihrer Konsistenz, der Beschaffenheit des Samens (Kern) sowie dem hohen Fettanteil als Nuss gehandelt. Im englischen Wort *peanut* wird auf die Erbsen-Nuss (engl. *pea* heißt »Erbse«) hingewiesen. Diese kleinen Kernhälften verfügen mit über 24 Prozent Eiweißgehalt über einen hohen Nährwert und zählen mit ihrem Magnesiumgehalt zu den magnesiumreichen pflanzlichen Nahrungsmitteln. Am besten ist es, Erdnüsse mit Schale als Proteinfood zu knabbern oder Erdnussbutter (100 Gramm enthalten 22 Gramm Eiweiß) als Aufstrich zu verwenden oder zum Kochen zu nehmen wie im Rezept »Schwarzaugenbohnen mit Erdnuss« (siehe Seite 106).

Kichererbsen

Die Kichererbse (lat. *Cicer arietinum*) ist nicht näher mit der zuvor beschriebenen Erbse verwandt (*cicer* bedeutet im Lateinischen »Erbse«), obwohl sie auch zur Familie der Schmetterlingsblütler gehört. Die orientalische Küche, vor allem die Kichererbsenpaste »Hummus«, hat uns mit ihr bekannt gemacht. Die rundlichen, kantig-unregelmäßig geformten Samen wachsen an buschigen, nur etwa 45 Zentimeter hohen Pflanzen, die kein Klettergerüst benötigen.

Kichererbsen werden getrocknet oder vorgegart konserviert in Dosen und Gläsern angeboten. Der Hauptproduzent ist Indien, gefolgt von Australien.

Kichererbsen schmecken sowohl püriert als auch im Ganzen in Eintöpfen, Suppen oder Salaten. Es ist immer gut, wenn getrocknete Kichererbsen zu Hause im Vorratsschrank stehen. Zum Kochen einfach getrocknete Kichererbsen waschen und mit so viel kaltem Wasser begießen, bis alles gut bedeckt ist. Am besten über Nacht oder 12 Stunden einweichen lassen. Dann das Wasser wechseln und die Kichererbsen mit 1 Prise Salz in etwa 50 Minuten weich kochen. Ansonsten sind bereits gekochte Kichererbsen in Dosen eine gute Alternative.

Aquafaba Furore hat in jüngster Zeit die Flüssigkeit (Aquafaba) der vorgegarten konservierten Kichererbsen gemacht. Es ist zu einer Art »veganem Eiweiß« mutiert, das sich beim Aufschlagen wie Eischnee verhält. Diese Flüssigkeit am besten beim Abgießen der Kichererbsen auffangen und beispielsweise wie beim Rezept »Würzige Kichererbsen« (siehe Seite 114) oder als »Schoko-Dessert mit Aquafaba« (siehe Seite 137) weiterverarbeiten.

ABER ACHTUNG: Es handelt sich bei Aquafaba nicht um das Einweichwasser von getrockneten Kichererbsen, sondern um das Wasser bereits gegarter Kichererbsen. Im Einweichwasser roher Ware befinden sich Saponine, die leichte Intoxikationen hervorrufen können.

Linsen

Bereits im alten Ägypten wurde die Linse (lat. *Lens culinaris*), auch Erve und Küchenlinse genannt, angebaut. Die Hülsenfrucht stammt höchstwahrscheinlich von der Wildlinse (lat. *Lens orientalis*) ab. Ihre Bedeutung als uraltes Grundnahrungsmittel ist aus Überlieferungen und Funden von Asien bis Mitteleuropa bekannt.

Heutzutage werden die Hülsenfrüchte weltweit von Amerika über Argentinien bis China, vom Mittelmeerraum über Nahost bis Indien angebaut. Das Land mit dem höchsten Linsenverbrauch ist Indien, dort werden über 50 verschiedene Sorten angebaut. Doch an erster Stelle im Linsenanbau steht Kanada, laut der 2016er-Statistik der Welternährungsorganisation FAO (Food and Agriculture Organization oft the United Nations).

Die einjährigen Rankpflanzen brauchen heißes, trockenes Klima mit sandigem, teils kalkhaltigem, lockerem Lehmboden. Sie werden bis zu 50 Zentimeter hoch und haben blasse blaue Blüten. Interessanterweise baut man Linsen oftmals in Mischkultur an, beispielsweise mit Gerste und Hafer, damit die Hülsenfrüchte die entsprechende Rankhilfe bekommen. Dies bedeutet aber auch, dass die Linsen gemeinsam mit dem Getreide geerntet und in einem aufwendigen Verfahren von ihm getrennt werden müssen. In Deutschland werden Linsen leider nur in geringen Mengen ökologisch angebaut. Der Großteil unserer Linsen sind Importe aus aller Welt, ob getrocknet oder vorgegart und konserviert in Gläsern oder Dosen.

Fleischlose Vollwertküche heißt im Prinzip, dass das hochwertige pflanzliche Eiweiß der Linsen das tierische Eiweiß von Fleisch ersetzen und/oder ausgleichen kann. Vor allem für Vegetarier und Veganer sind Linsen eine wichtige Eiweißquelle. In Verbindung mit Getreideeiweiß, etwa von Hafer, Reis oder Weizenschrot, entsteht eine gute Proteinmischung in der Vollwertküche. 100 Gramm Linsen enthalten etwa ein Drittel Eiweiß, wertvolle Ballaststoffe und Phosphor und decken den Tagesbedarf eines Erwachsenen an Vitamin B, Kalium und Eisen.

Von groß bis klein

Je größer, desto teurer. Linsen werden im Welthandel nach Größe verkauft – nicht nach Sorten. Die größten Linsen tragen den Namen Riesenlinsen, da sie über 7 Millimeter Durchmesser aufweisen. Teller- oder Hellerlinsen sind flache Linsen mit dicker Schale und einem Durchmesser von 6 bis 7 Millimetern. Mittellinsen besitzen eine Größe von 5 bis 6 Millimetern Durchmesser, und kleine Linsen, auch Zuckerlinsen genannt, haben einen Durchmesser von 4 bis 5 Millimetern.

Linsen unterscheiden sich allerdings nicht nur in der Größe, sondern auch in der Farbe und vor allem im Geschmack.

Berglinsen sind klein, von rotbrauner Farbe und aromatisch kräftig im Geschmack. Sie zerfallen leicht beim Kochen.

Braune Linsen sind erdig im Geschmack, von leicht mehliger Konsistenz und beliebt in der Suppen- und Eintopfküche.

Rote Linsen lassen sich in der Küche sehr unkompliziert verarbeiten, weil sie schon geschält sind und somit eine sehr kurze Garzeit haben. sie sind mild-aromatisch im Geschmack und beim Kochen färben sie sich ins Gelbliche. Zum Keimen eignen sie sich nicht, da sie keine Schale haben.

Gelbe Linsen haben ebenso wie die roten Linsen auch keine Schale und zeichnen sich von daher durch eine sehr kurze Garzeit aus. Sie sind nicht zum Ziehen von Keimlingen geeignet. In der indischen Küche gehören gelbe Linsen zum Nationalgericht Dhal – auch Dal geschrieben –, einem Linseneintopf, der meist mit Ingwer, Chili, Kreuzkümmel, Knoblauch und Kurkuma gewürzt wird.

Grüne Linsen sind nussig im Geschmack und ihre feine Marmorierung verliert sich beim Kochen. Da sie nur eine dünne Schale haben, garen sie in kurzer Zeit. Viele grüne Linsen tragen den Namen ihrer Herkunft, so wie die kleinen, grün gesprenkelten Puy-Linsen aus Frankreich, die in der Spitzengastronomie sehr begehrt sind.

Champagnerlinsen als Import aus Frankreich sind auch als Château-Linsen bekannt. Sie zeichnen sich durch ihr feines Aroma und ihre rotbräunliche Farbe aus. Sie sind sehr beliebt für die Zubereitung von Dips.

Kaviarlinsen, auch als Belugalinsen bekannt, haben ein feines Aroma, sind klein, schwarz und fest.

VORSICHT BEI ROHWARE

Linsen dürfen nicht roh verzehrt werden, da sie Lektine enthalten. Diese Eiweißverbindungen bewirken ein Zusammenkleben von roten Blutkörperchen und behindern den Sauerstofftransport. Die Folge sind Darmentzündungen und Wassereinlagerungen. Die gute Nachricht: Diese Substanzen werden beim Kochen völlig eliminiert. Dies gilt übrigens für alle getrockneten Hülsenfrüchte wie Erbsen, Linsen und Bohnen.

Lupinen

Lupinen (lat. *Lupinus albus, luteus, angustifolius*) sind die weißen bzw. gelben oder blauen kerzengeraden Blumen, die vielerorts in Bauerngärten wachsen. Nach dem Auspressen der Samen werden Lupinendrink oder Lupinensteaks, Bratlinge oder Brotaufstriche hergestellt. Lupine stellt eine Alternative dar, falls eine Sojaunverträglichkeit besteht. Das Eiweiß der Lupine wirkt im Körper basisch und enthält acht unentbehrliche Aminosäuren. Auch sonst punkten die Blumensamen mit einem hohen Anteil an Mineralstoffen, Spurenelementen und Vitaminen. Beim Kauf darauf achten, dass es sich um Bioprodukte aus regionalem Anbau handelt.

NÜSSE

Viel Eiweiß, gesunde Fette und ausreichend Vitamine sind in allen Nüssen enthalten und wirken nervenstärkend, kraftspendend und schön machend. So schützt das in ihnen enthaltene Vitamin E die Gefäße im Gehirn und beugt einer Entkalkung der Knochen vor, Vitamin A gilt als Gesund- und Jungbrunnen für die Schönheit und sorgt wie das Vitamin B für gute Nerven und verbesserte Reaktionsfähigkeiten und Motorik. Reichlich enthaltenes Kalzium wird für Knochen und Zähne und für die Nervenreizübertragung in allen Nerven- und Gehirnzellen benötigt. Generell empfehlen sich alle Nüsse, wie Cashews, Haselnüsse, Macadamianüsse, Mandeln und Walnüsse, zur »geistigen Leistungssteigerung«. Jedoch in natürlicher, unbehandelter Form und nicht in fermentierter Weiterverarbeitung als Schoko- und Zuckernüsse oder in pikanter Form mit etlichen Zusatzstoffen.

Cashewkerne

Der immergrüne Cashew- oder Kaschubaum (lat. *Anacardium occidentale*) wächst im tropischen Klima. Die gelb-orangen Cashewäpfel haben einen Fortsatz, die nierenförmige Cashewfrucht, die Kerne enthält. Um diese rohen Cashewkerne aus der Fruchtschale zu bekommen, werden die Früchte im Ganzen über Öl geröstet. Cashews zeichnen sich durch einen milden, leicht süßlichen, buttrigen Geschmack aus. Der hohe Magnesiumgehalt sowie der Anteil an der unentbehrlichen Aminosäure Tryptophan, die zur Produktion des Neurotransmitters Serotonin benötigt wird, macht Knabbern zu einem Gesundbrunnen. 100 Gramm Cashewkerne enthalten etwa 18 Gramm hochwertiges Eiweiß.

Haselnüsse

Haselnüsse (lat. *Corylus avellana*) sind relativ günstig im Vergleich zu anderen Nüssen. Sie verstecken sich meist im Backwarenregal, sind aber inhaltlich sehr wertvoll. Die gute Fettsäurezusammensetzung lässt den hohen Fettgehalt vergessen. Empfehlenswert ist eine kleine Handvoll pro Tag, um zusätzliches gutes Eiweiß, viele Ballaststoffe und einen Reigen an Vitaminen zu erhalten.

GEHACKTE HASELNÜSSE oder angebrochene Packungen nicht einfach im Trockenschrank aufbewahren, sondern am besten gut verschlossen im Kühlschrank. Bei Zimmerwärme an der Luft werden Fettsäuren durch den Sauerstoff schnell abgebaut, die Nüsse schmecken dann leicht muffig.

Mit ihrem feinen Geschmack gehören Pistazien zu den beliebtesten Knabberartikeln. Wer sie vor dem Knabbern noch schälen muss, isst sie auch bewusster.

Macadamianüsse

Macadamia (lat. *Macadamia integrifolia/ tetraphylla*) ist der Begriff für die Australische Haselnuss, deren glatte bzw. raue Samenschale entfernt wird, bevor sie in den Handel kommt. Macadamianüsse sind Balgfrüchte: Bei diesen springt die Schale bei der Reife nur an einer Naht auf. Obwohl die »Königin der Nüsse« teuer ist und entsprechend viele Kalorien (100 Gramm enthalten 741 Kilokalorien) enthält, gilt sie als Fitnessfood. Sie enthält viel Eisen für den Muskelaufbau und Magnesium für die Regenerierung. Sie ist reich an Omega-3-Fettsäuren sowie an hochwertigem Protein. Im Geschmack ist sie mild und leicht buttrig-süß und versorgt einen beim Naschen mit vielen Vitaminen, vor allem mit Vitamin E.

Mandeln

Mandeln (lat. *Prunus dulcis*) gehören mit 21 Gramm Eiweiß pro 100 Gramm zu den wertvollsten pflanzlichen Proteinlieferanten. Botanisch gesehen sind auch sie keine Nüsse, sondern Samen einer Steinfrucht. Mandeln enthalten Tryptophan, eine Aminosäure, die als Vorläufer des Neurotransmitters Serotonin gilt, was Mandeln den Beinamen »Stresskiller« eingebracht hat. Vitamin B ist gut gegen schlechte Nerven, und Vitamin E gilt als das Schönheitsvitamin. Entweder ganze Mandeln für unterwegs dabeihaben oder mit Mandelmus (15,1 Gramm Eiweiß pro 100 Gramm) einen Mandel-Carob-Aufstrich (siehe Seite 54) herstellen.

Pistazien

Pistazien (lat. *Pistacia vera*) sind nicht nur im Vorderen Orient und in Südeuropa beliebt, sondern auch bei uns. Sie wachsen auf bis zu 10 Meter hohen Bäumen und lassen sich auch ohne Nussknacker gut öffnen. Ihr grünes Fruchtfleisch enthält knapp 20 Gramm wertvolles Eiweiß und ist würzig-wohlschmeckend, weshalb Pistazien sehr gut in der Knabberabteilung vertreten sind. Es gibt sie geschält und gewürzt oder geröstet in der Schale.

Walnüsse

Eine Walnusshälfte erinnert an das Aussehen eines menschlichen Gehirns. Interessanterweise sind Walnüsse (lat. *Juglans regia*) die beste Nahrung für unser Gehirn, weil sie über einen sehr hohen Anteil an Omega-3-Fettsäuren, über verschiedene Spurenelemente und Linolsäure verfügen. Die Walnuss enthält zudem Lezithin, welches im Gehirn in Acetylcholin umgewandelt wird und der bedeutendste Neurotransmitter im Nervensystem ist. Wenn es um Kopfarbeit, um Konzentration geht, dann ist der Griff zu Walnüssen also eine gute Empfehlung.

SAMEN UND KERNE

Der Kreislauf der Natur beginnt jedes Mal von Neuem, wenn eine Pflanze in ihren Früchten Samen ausbildet, die nach dem Aussäen anfangen zu keimen, und sich daraus neue Pflanzen bilden. Samen und Kerne sind also im Prinzip gebündelte Kraftpakete, die alles enthalten, was neues Leben braucht: wertvolles Fett, leicht verdauliches Eiweiß, energieliefernde Kohlenhydrate, Vitamine, Mineralstoffe, Spurenelemente und Ballaststoffe.

Chiasamen

In Lateinamerika gehören die Samen der unserem Salbei ähnlichen Chiapflanze (lat. *Salvia hispanica*) seit jeher zu den Grundnahrungsmitteln – einst dienten die Samen als Kraftnahrung für lange Wegstrecken. Die etwa 2 Millimeter langen Samen wachsen an hohen krautigen Pflanzen heran und versorgen die Menschen mit vielen Nährstoffen.

Chiasamen enthalten neben wertvollem Öl bis zu 23 Prozent pflanzliches Eiweiß, etwa 40 Prozent Kohlenhydrate sowie die Vitamine A, Niacin, Thiamin, Riboflavin und Folsäure. Zudem Mineralstoffe wie Kalzium, Phosphor, Kalium, Zink und Kupfer, wobei es erwähnenswert ist, dass der Kalziumgehalt das Fünffache im Vergleich zu Kuhmilch beträgt und das enthaltene Spurenelement Bor die Aufnahme von Kalzium im Körper unterstützt. Auch der Kaliumanteil lässt sich sehen: Im Vergleich zu Bananen enthalten Chiasamen das Doppelte. Der Eisengehalt ist um ein Dreifaches höher als bei Spinat, und in Bezug auf Radikalfänger: Chiasamen enthalten mehr Antioxidantien als Blaubeeren. Es gibt weiße und schwarze Chiasamen, die sich allerdings nicht im Nährstoffgehalt unterscheiden.

Mit über 40 Prozent Faserstoffen sind Chiasamen außerordentlich reich an Ballaststoffen, weshalb sie langsam verdaut werden – die Mehrfachzucker müssen erst in Einzelzucker umgewandelt werden – und dadurch für eine lang anhaltende Sättigung und einen stabilen Blutzucker sorgen. Im Vergleich zu Weizenkleie, die ja auch sehr ballaststoffreich ist, punkten die Chiasamen damit, dass sie kein Gluten (zu Gluten siehe Seite 34) enthalten. Ein weiterer Pluspunkt: Chiasamen enthalten im Gegensatz zu Hülsenfrüchten, Getreide und Ölsaaten keine Phytinsäure. Diese Säure hat die negative Auswirkung, dass gleichzeitig verzehrte Mineralstoffe wie Kalzium, Magnesium, Eisen und Zink noch im Darm so gebunden werden, dass diese nicht durch die Darmwand ins Blut aufgenommen werden können.

PROTEINGEWINNUNG AUS PRESSKUCHEN

Werden ungeröstete Kürbiskerne, Hanf-, Lein- oder Sesamsamen schonend und kalt gepresst, läuft das in ihnen enthaltene Öl ab. Zurück bleibt der sogenannte Presskuchen, der eine wertvolle Quelle für Protein darstellt. Wurden früher nur Tiere damit gefüttert, nutzt man die Presskuchen nun auch für die menschliche Ernährung, indem man sie trocknet und zu Mehl vermahlt. So gewinnt man proteinreiche Pulver, die sich leicht dosieren lassen.

Hanfsamen

Lediglich die Samen der Hanfpflanze (lat. *Cannabis sativa*) sind frei von den stimulierenden Substanzen, die als THC (Tetrahydrocannabinol) in der Welt der Rauschmittel Beachtung finden, nachdem sie aus Hanfblüten und Hanfblättern gewonnen werden. Hanfsamen sind frei von Gluten und weisen einen hohen Eiweißgehalt auf, der ideal für Veganer, Vegetarier und auch für Sportler ist. Hanfsamen enthalten alle nicht entbehrlichen Aminosäuren. Ihre Proteine bestehen hauptsächlich aus dem leicht verdaulichen Globulin Edestin. Hanfsamen schmecken nussig. Zusätzlich gibt es auch Hanfproteinpulver, welches aus dem Presskuchen von kalt gepresstem Hanfsamenöl gewonnen und getrocknet wird. Dieses Pulver wird Smoothies zur Nahrungsergänzung beigemixt.

Leinsamen

Die Samen der Flachspflanze (lat. *Linum usitatissimum*) werden als Leinsamen bezeichnet. Je nach Sorte gibt es Samen mit gelber oder brauner Schale. Die sehr kleinen Samen schmecken leicht nussig und bestehen aus über 40 Prozent Fett. Im Handel ist Leinsamen ganz, geschrotet oder gepresst als Leinöl erhältlich. Leinsamen bestehen aus je etwa 25 Prozent Eiweiß und Ballaststoffen und einem Großteil an fettem Öl. Dieses Leinöl enthält über 50 Prozent Omega-3-Fettsäuren, die unter anderem helfen, den Cholesterinspiegel positiv zu beeinflussen sowie die Konzentrationsfähigkeit zu erhöhen.

Sesamsamen

Sesam (lat. *Sesamum indicum*) ist wahrscheinlich die älteste Ölpflanze der Welt. Das tropische, hoch wachsende Kraut bringt platzfeste Kapselfrüchte hervor, die gelbweiße, schwarze oder rote Samen enthalten. Das Aufplatzen geschieht erst nach dem Ausrupfen, Trocknen und Nachreifen der Pflanze – getreu nach der märchenhaften Aussage »Sesam, öffne dich«.

Rohe, nicht geröstete Chiasamen quellen auf, sobald sie mit Flüssigkeit in Kontakt kommen. Sie schmecken gut auf Müsli, Salaten, Smoothies oder Suppen.

Sesamsamen werden zur Aromasteigerung geröstet und bekommen dadurch einen nussigen Geschmack. In Japan wird aus Sesam und Meersalz das Gomasio, ein Sesamsalz, hergestellt. In Afrika knabbert man die gerösteten Sesamsamen wie z. B. Erdnüsse. In der ayurvedischen Praxis wird Sesamöl zur äußeren Anwendung für Massagen verwendet. In China gelten Sesamsamen als lebensverlängernd und in der orientalischen Küche kommen Leckerbissen wie süßes Halva oder pikantes Tahin auf den Tisch. In unserer Naturküche wird Sesam zu Keimlingen gezogen und über Salate gestreut.

Die Zusammensetzung von Sesamprotein entspricht – bis auf die Aminosäure Lysin – in etwa dem für Menschen notwendigen Aminosäureprofil. Und da Sojamehl reich an Lysin ist, bietet es sich an, Sojagerichte mit Sesam zu würzen.

Kürbiskerne

Kürbiskerne bestehen aus über 35 Prozent hochwertigem und leicht verdaulichem Eiweiß. Man kann die grünen Kerne fertig kaufen oder wie im Tipp des Rezepts »Hafer-Kürbis-Suppe mit Orangenduft« (siehe Seite 69) frische Kürbiskerne weiterverarbeiten. Unbedingt zum Garnieren, Pürieren oder in Suppen und Saucen verwenden.

Pinienkerne

Pinienkerne sind die Samen (*Pignoli*) der mediterranen Pinie (lat. *Pinus pinea*), die in mühevoller Handarbeit aus den Zapfen der Pflanze herausgelöst und dann von Schale und Samenhaut befreit werden. Zwar ist der Nährwert von 100 Gramm Pinienkernen bei nahe 390 Kilokalorien hoch, aber der Geschmack und die gesundheitlichen Eigenschaften sprechen klar für einen regelmäßigen Genuss: Reichlich Magnesium, Kalium, Phosphor, Eisen, Zink, Kupfer, Nikotinsäure, Folsäure, Vitamin B_2 und B_6. Der Eiweißanteil ist höher als die Kohlenhydratmenge. Röstet man Pinienkerne vor dem Verzehr in einer fettfreien Pfanne unter mehrmaligem Wenden kurz an, intensiviert sich ihr nussiger Geschmack.

Papayakerne

Die leicht pfeffrig schmeckenden Kerne der Papayapflanze (lat. *Carica papaya*) sind als Energielieferant und Fettkiller durch das Enzym Papain bekannt geworden, das die Verdauung von Protein unterstützt. Die in Bioläden oder Drogerien erhältlichen Samen sind allerdings recht teuer. Wer gerne frische Papaya isst, sollte die Kerne von Fruchtresten säubern und im Backofen bei 50 Grad Celsius trocknen lassen, luftdicht verschließen und beispielsweise aufs Müsli streuen.

KEIMLINGE UND SPROSSEN

Bei der Keimung von Samen aktiviert die Natur alle in dem Kraftpaket vorhandenen Stoffe, um einer neuen Pflanze möglichst schnell einen guten Start ins Leben zu ermöglichen. Aus den Keimlingen entwickeln sich Sprossen, die man ernten kann, bevor die Pflanze zu ihrem normalen Längenwachstum ansetzt.

Sprouts Keimlinge und Sprossen (engl. *sprouts*) kann man kaufen oder selber ziehen, beispielsweise aus Leinsamen, Erbsen, Linsen, Mungobohnen, Kichererbsen und Sonnenblumenkernen. In Fachgeschäften gibt es Keimschalen, die zum eigenen Ziehen von Keimlingen zu empfehlen sind. Dazu die entsprechenden Samen in guter Qualität kaufen und selber ziehen – vorab nach Bedarf kurz enweichen. Das Ziehen dauert in der Regel bis zu 3 Tage, und dann kann man ernten.

WICHTIG IST, dass das Wasser regelmäßig gewechselt wird und die Keimlinge nicht im stehenden Wasser liegen. Sollte sich Schimmelbildung zeigen, die Keimlinge/Sprossen entsorgen und nicht verzehren.

Keimlinge aus Linsen ziehen Beim Keimen getrockneter Linsen werden giftige Bestandteile (Lektine) abgebaut. Dafür Linsen mit Schale wählen, in einer Schüssel gut mit Wasser bedecken und die an der Oberfläche schwimmenden Linsen entfernen, denn diese sind beschädigt. Die Linsen zunächst über Nacht ausquellen lassen. Linsen können in einem Keimgerät oder in einer Keimschale angesetzt werden oder man kann sie ganz einfach nach dem ersten Einweichen über Nacht in einem Sieb, abgedeckt mit einem Teller, bei einer Zimmertemperatur von etwa 20 Grad Celsius keimen lassen. Zwei- bis dreimal am Tag mit lauwarmem Wasser durchspülen. Nach 2 bis 4 Tagen entwickeln sich die kleinen Keime. Dann nochmals gut durchspülen und etwa für einen Salat, als Topping oder für einen Auflauf verwenden.

KEIMLINGE BLANCHIEREN – Kinder, Schwangere oder Menschen mit geschwächtem Immunsystem sollten die rohen Keimlinge vor dem Verzehr blanchiert bekommen: In kochendes Wasser geben, kurz aufwallen lassen, abgießen und kalt durchspülen.

GETREIDE

Weizen, Roggen, Gerste, Hirse, Reis, Mais und Hafer gehören zur botanischen Familie der Süßgräser (*Poaceae*). Als Grundnahrungsmittel wird Getreide oft mit dem »täglichen Brot« in Verbindung gebracht. Doch es enthält neben Kohlenhydraten, Fettsäuren, B-Vitaminen und Mineralstoffen auch hochwertiges Eiweiß, das in Kombination mit proteinhaltigen Hülsenfrüchten eine Ernährung mit hoher biologischen Wertigkeit sicherstellt.

Weizen

Weizen (lat. *Triticum aestivum*) wird aufgrund seiner guten Backeigenschaften für Brot, Nudeln und Gebäck genutzt.

GLUTEN

Die Backeigenschaften beruhen auf Proteinen, die unter dem Begriff »Gluten« zusammengefasst werden. Sie sorgen dafür, dass das Brot beim Backen eine stabile Struktur und eine gute Krume ausbilden kann. Gluten wirkt dabei wie ein Kleber, weshalb es auch als Klebereiweiß bezeichnet wird (das lateinische Wort *glutinum* bedeutet »Leim«). Menschen, die auf Gluten allergisch reagieren, achten auf den Hinweis »glutenfrei«.

Saft aus Getreidegras Die jungen, bis zu 15 Zentimeter langen Gräser, die als Triebe aus Weizenkörnern (Weichweizen, Dinkel, Kamut) sprießen, enthalten viele Vitamine und Mineralstoffe. Der meist gras- oder giftgrüne Saft entsteht durch das Auspressen der Gräserpflänzchen, also vor dem Sprießen der ganzen Pflanze mit Ähre. Vielfach gibt es in großen Städten »Grassaft-Bars«, in denen mit speziellen Entsaftern aus frischen Gräsern reichlich Saft ausgequetscht und ganz frisch serviert wird. Ansonsten kann man Getreidegräser auch fertig kaufen, entweder abgefüllt als Saft oder in Pulverform zum Anrühren mit Wasser. Weizengras ist reich an Eiweiß, Vitaminen, Mineralstoffen, Enzymen und Chlorophyll, weshalb der Genuss des frischen Safts einer basisch wirkenden Frischzellenkur gleichkommen soll. Die Gräser verfügen über eine gute Nährstoffquelle und geben zudem Menschen mit Glutenunverträglichkeit eine Möglichkeit, Weizen zu verzehren. Das intensive Grün der Gräser weist Höchstwerte an Chlorophyll auf, jenem grünen pflanzlichen Farbstoff, der antioxidativ wirkt.

Biobauern haben Emmer aus seinem Dornröschenschlaf geholt. Die Körner des Urgetreides sind kräftiger als die des Weizens und reich an Carotinoiden.

Seitan ist reines Weizeneiweiß, das durch die Trennung von Kleie und Stärke des Weizenkorns gewonnen wird. Seitan hat einen Anteil von über 25 Prozent Eiweiß. Besonders in der vegetarischen Küche ist er sehr beliebt. In Reformhäusern und Naturkostgeschäften gibt es Seitan in 350- bis 500-Gramm-Packungen.

Verwandte des Weizens

Dinkel, Emmer, Einkorn und Kamut sind mit dem Weizen verwandt. Sie gehören zu den ältesten Getreidearten der Welt und werden meistens in Bioqualität angeboten.

Dinkel (lat. *Triticum spelta*) ist eine Weizenart, die besonders in der Vollwertküche sehr beliebt ist. Das nussartig schmeckende Weizenkorn hat sehr gute Backeigenschaften aufgrund seines Klebereiweißes. Um Dinkel in der Küche verarbeiten zu können, ist eine aufwendige Arbeit nötig: Man muss den fest angewachsenen Spelz (die trockene Hülle) vom Korn entfernen. Der Spelzanteil beträgt ca. 40 Prozent und somit fallen die Erträge sehr niedrig aus. Das Gute daran ist, dass der Spelz das Korn so schützt, dass Pflanzenschutzmittel keine Chance haben, an das Korn zu kommen. Dies dürfte auch ein Grund sein, warum Dinkel bei den Vollwertköstlern so beliebt ist. Zumal er 13 Prozent hochwertiges Protein enthält, darunter alle unentbehrlichen Aminosäuren.

Grünkern heißt Dinkel im ersten Reifestadium. Dafür wird Dinkel halbfest geerntet und anschließend getrocknet (gedarrt). Sein spezielles nussiges Aroma erhält Grünkern beim Darren über Buchenholzrauch.

Emmer ist im Bio-Backbereich sehr beliebt (siehe das Rezept »Emmerbrot mit gemischten Kernen« auf Seite 150). Er schmeckt nussig und enthält viel Eiweiß und viele Mineralstoffe, vor allem Zink. Da an den Ähren zwei Körner wachsen, heißt er auch »Zweikorn«.

Kamut ist eine uralte Weizenart mit exzellenten Back- und Kocheigenschaften, d. h., es enthält ein gutes Klebereiweiß zum Binden und gart in kurzer Zeit.

GLUTEN IN LEBENSMITTELN

**Diese Auflistung bezieht sich auf die reinen, unverarbeiteten Naturprodukte.
Vorsicht bei Fertigprodukten: Zutatenliste lesen!**

ENTHALTEN GLUTEN	ENTHALTEN KEIN GLUTEN
Weizen, Dinkel, Emmer, Gerste, Kamut, Roggen	Amaranth, Buchweizen, Hafer, Hirse, Hülsenfrüchte, Mais, Quinoa, Reis

Hirse

Unter dem Sammelbegriff »Hirse« finden sich mehrere tropische Getreidearten, die auf relativ trockenen, oft nährstoffarmen Böden wachsen und bis zu 13 Prozent Eiweiß hoher biologischer Wertigkeit aufweisen. Mit 50 Gramm Hirse kann man den täglichen Bedarf an Eisen, mit 100 Gramm täglich den Tagesbedarf an Fluor decken. Außerdem enthält Hirse reichlich Lezithin und die Vitamine A, B_1, B_2 und E sowie einen hohen Gehalt an Kieselsäure, die bei der Gesunderhaltung von Augen und Haut eine sehr wichtige Rolle spielt. Hirse wird in Form ganzer Körner angeboten. Diese sind im Normalfall geschält, weil die harte Fruchtschale nicht verdaulich ist. Es werden auch Hirseflocken angeboten, die wie z. B. Haferflocken verwendet werden. Hirse enthält sehr zur Freude von Glutenallergikern das Klebereiweiß nicht, eignet sich jedoch deshalb auch nicht zum Backen.

Reis

Reisprotein zeichnet sich durch leichte Bekömmlichkeit und Glutenfreiheit aus. Reis liefert wichtige Vitalstoffe und hat einen hohen Mineralstoff- und Vitamingehalt. Wird das Produkt bei der Herstellung nicht erhitzt, bleiben alle Nährstoffe optimal erhalten.

PSEUDOGETREIDE

Andere Pflanzen, die nicht zur botanischen Familie der Süßgräser zählen, aber so nahrhaft wie Getreide sind und als solches zubereitet werden, bezeichnet man als »Pseudogetreide«.

Amaranth

Speziell die hohen Gehalte an pflanzlichem Eiweiß und Eisen machen Amaranth (lat. *Amaranthus caudatus*), auch Amarant geschrieben, so wertvoll. Der feinkörnige Samen ist der Hirse nicht unähnlich. Weltweit gibt es über 70 Arten in der Pflanzengattung *Amaranthus*, davon die meisten in Amerika. Amaranth ist – wie auch Quinoa – glutenfrei und als pflanzliches Erzeugnis cholesterinfrei. Es wird überwiegend für Backwaren und Müsli verwendet.

Quinoa

Ein Bericht der NASA machte 1993 das kaum bekannte Lebensmittel Quinoa auch außerhalb seiner Ursprungsregion Südamerika bekannt. Es wurde vorgeschlagen, Quinoa (lat. *Chenopodium quinoa*) aufgrund der hohen Eiweißwerte sowie dem außerordentlichen Nährwert für die Nutzung von Raumstationen zu verwenden. Die einjährige Krautpflanze, die bis zu 1,5 Meter hoch werden kann, wächst in den Anden, in Höhen bis über 4000 Metern, wo Mais nicht mehr gedeihen kann. Es ist eine uralte Kulturpflanze, die hauptsächlich in Peru, Bolivien und Ecuador zusammen mit Amaranth als Hauptnahrungsmittel angebaut wird. Die grünen Blätter sind essbar. In den Export kommen die etwa 2 Millimeter kleinen Nussfrüchte in getrockneter Form.

Buchweizen

Buchweizen (lat. *Fagopyrum esculentum*) ist kein Getreide, sondern wie Rhabarber ein Knöterichgewächs. Es gedeiht am besten auf kargen Böden, beispielsweise in Russland – von dort kennen wir auch die berühmten Blinis oder Kasha, die aus Buchweizenmehl hergestellt werden. Das Eiweiß des Buchweizens überholt alle Getreidearten, denn die Körner enthalten lebenswichtige Eiweißbausteine wie Lysin und Tryptophan, die als wichtige Gehirn- und Nervennahrung bekannt sind. Über 70 Prozent der Fettsäuren sind ungesättigt und somit sehr herzfreundlich.

WEITERE SUPERFOODS

Es gibt noch andere pflanzliche Lebensmittel, die mit ihrem Nährstoffgehalt Wertvolles auf gesunde Art zu unserer Ernährung beisteuern können.

Erdmandeln

Erdmandeln sind die Wurzelknollen des Erdmandelgrases (lat. *Cyperus esculentus*). In England und Frankreich kennt man sie als »Tigernuss«, was darauf schließen lässt, dass in ihnen geballte Energie steckt. Sie kommen auch als »Chufanüsse« in den Handel. Bei den Erdmandeln handelt es sich nicht um Nüsse, sondern um Knöllchen, sogenannte braune Sprossknollen, die getrocknet werden und verzehrfertig ohne Zusätze in den Handel kommen. Als Snack für zwischendurch empfehlenswert, allerdings gewöhnungsbedürftig aufgrund der Härte der Frucht. Es dauert eine Zeit, bis sie weich gekaut ist – die aus Erdmandeln hergestellten Chips lassen sich da schon leichter essen. Die Erdmandelfrucht ist reich an Magnesium, Kalium sowie Kalzium und verfügt über wertvolles, leicht verdauliches Eiweiß.

Erdmandeldrink ist in Spanien als »Horchata de Chufa« bekannt. Dazu getrocknete Erdmandeln im Verhältnis 1 : 3 einige Stunden in Wasser einweichen. Anschließend pürieren und durch ein Sieb streichen. Mit Zitronensaft, Zimt und etwas Honig süßen.

Moringa

Moringa wird in Europa als getrocknetes Pulver, gefüllt in Kapselform oder als Presslinge, angeboten. Zudem gibt es Moringaöl, das aus den Samen hergestellt wird. Beide Produkte stammen von der Moringapflanze (lat. *Moringa oleifera*), die in tropischen und subtropischen Gebieten wächst. Am meisten wird das Pulver genutzt. Es enthält pro 100 Gramm 25,2 Gramm Eiweiß und kann wie ein Gewürz über alle pikanten Speisen gestreut werden. Das Pulver ist wegen seines Gehalts an Senfölglykosiden im Geschmack sehr intensiv, leicht scharf und schmeckt am besten in grünen Smoothies, Shakes, herzhaften Speisen oder auf Rohkost.

Algen

Die beiden Mikroalgen Spirulina und Chlorella sind im Bereich Superfood bekannt geworden. Sie sollten aus kontrolliertem Anbau stammen!

Die Blaualge Spirulina wird speziell in der veganen Ernährung eingesetzt, da diese Pflanze das verwertbare Vitamin B_{12} enthält, das normalerweise nur in tierischen Produkten vorkommt. Spirulina wird als Pulver, in Tablettenform oder als Pressling angeboten. Die Einnahme sollte morgens erfolgen, ob zum oder im Smoothie oder in Wasser eingerührt, denn die Power-Alge gibt mit etwa 70 Prozent Eiweiß, einer hohen Konzentration an Betacarotin und allen essenziellen Aminosäuren Kraft und Elan für den ganzen Tag.

Die Grünalge Chlorella wird in Tablettenform, als Pressling oder als Pulver angeboten. Sie gilt als die Alge mit dem höchsten Chlorophyllanteil, und je mehr Chlorophyll (Blattgrün) ein Lebensmittel enthält, desto höher ist der gesundheitliche Nutzen in Form von Immunstärkung, schnellerer Regenerierung und als wirksamer Radikalfänger.

PROTEINE ALS NAHRUNGSERGÄNZUNGSMITTEL

Proteine als Nahrungsergänzungsmittel werden unter anderem in Form von Pulver angeboten. Diese Eiweißpulver sind meist eine Mischung aus tierischen und pflanzlichen Proteinen. In der deutschen Nahrungsmittelverordnung handelt es sich dabei um ein Lebensmittel, das die allgemeine Ernährung ergänzt. Proteinpulver werden aber auch in veganer Form angeboten und vielfach als Unterstützung bei Diäten, im Fitnessbereich und vor allem für den Muskelaufbau verwendet. Unzählige reine Sorten, aber auch viele Mischungen stehen zur Auswahl.

Ob der Zusatz von Proteinpulvern, die auch mit Aromen wie beispielsweise Vanille oder Kakao angereichert sind, vonnöten ist, obliegt der persönlichen Entscheidung. Wenn man sich für die Einnahme entscheidet, dann sollten diese Nahrungsergänzungsmittel auch als solche verstanden werden, indem die Nahrung mit etwas ergänzt wird – ob als temporäre Kur für mehr Energie, als begleitende Assistenz für eine Diät oder als kurzzeitige Nachhilfe beim Sporttraining. Empfehlenswert ist auch, die Proteinquellen zu wechseln, nicht einseitig ein bestimmtes Produkt zu verwenden.

Zudem gibt es auch Proteine in Form von Riegeln, in trinkfertigen Fläschchen und im Bereich Superfood als gekeimte Kerne, Körner und Samen. Oft kommt dieses Angebot Sportlern entgegen, die nach hoher körperlicher Belastung schnell und unkompliziert einen Shake trinken oder einen Riegel zur Versorgung von Makronährstoffen essen. Allgemein gilt: Wer sich abwechslungsreich ernährt, deckt seinen Bedarf an Eiweiß problemlos.

VEGANE PROTEINE

Einige Rezepte in diesem Buch sind mit »veganen Proteinen« der Firma PURYA entwickelt worden, die ihre Produkte aus veganen Proteinen in Bioqualität herstellt. Dies ist schlüssig, da dieses Buch die Verwendung von pflanzlichen Proteinen beschreibt. Zudem gibt es vielfach Tipps bei den Rezepten zur Handhabung und Beigabe von »PURYA! Bio Super Sprouts« wie Buchweizen, Leinsamen und Quinoa. Das Beimischen von Proteinpulver eignet sich sehr gut bei Smoothie-Bowls sowie bei Smoothies. Die bekanntesten reinen Proteinsorten sind Reis, Hanf, Kürbis, Lupine und Sonnenblume. Mischungen bzw. Blends enthalten mehrere Proteinsorten.

GEWÜRZE UND KRÄUTER AUS DER NATURAPOTHEKE

Ein schmackhaftes, aromatisches Essen besteht aus frischen »Lebens-Mitteln«, die mit Kräutern und Gewürzen abgerundet werden. Kräuter und Gewürze dienen auch der Erhaltung der Gesundheit, denn sie kurbeln die Ausschüttung von Verdauungssäften in Mund, Magen und Darm an und fördern auf diese Weise den Verdauungsprozess. Sie aktivieren zudem die Abwehrkräfte unseres Immunsystems und gelten als »sanfte Medizin« Alle Rezepte in diesem Buch enthalten einen homöopathischen »Kick«. Die verwendeten Gewürze wirken unterschiedlich:

Pfeffer, Rosenpaprika, Cayennepfeffer, Chili und Zimt gelten als desinfizierend, schmerzlindernd, verdauungsfördernd und appetitanregend.

Muskatnuss und Koriander beruhigen einen unruhigen Darm.

Kurkuma und Pfefferminze regen den Gallenfluss an.

Gewürzmischungen wie Ras el-Hanout (von Kurkuma, Bockshornklee, Koriander, Kardamomsaat, Muskatnuss bis hin zu Kreuzkümmel) und Pul Biber (getrocknete Chili-Paprika-Mischung mit Salz) sind verdauungsfördernde »Wellnesspakete«.

Hülsenfrüchte enthalten komplexe Kohlenhydrate, die im Darm Gase bilden. Deshalb werden Gerichte mit Hülsenfrüchten mit Zutaten gewürzt, die diese besser verdaulich sowie harmonischer im Geschmack machen. Beliebt sind Fenchel, Kümmel, Ingwer, Bohnenkraut, Salbei, Pfefferminze, Rosmarin und Thymian. Dabei steht Kreuzkümmel (Cumin) bei der Vorbeugung von Blähungen als »Darmschmeichler« ganz oben auf der Liste.

Wer zwei- bis dreimal Hülsenfrüchte pro Woche isst, gewöhnt den Verdauungstrakt an die Eiweißlieferanten. Wer trotzdem noch das Bedürfnis nach einem wohltuenden Abschluss der Mahlzeit hat, sollte ein paar Kügelchen der indischen Gewürzmischung Supari zu sich nehmen. Diese bekommen Sie in jedem Asia-Shop. Supari besteht aus Fenchel-, Kümmel- und Anissamen, die mit bunten Zuckermänteln überzogen sind. Meist ist auch noch Kardamom oder Minze dabei.

Rezepte für das Frühstück

Der Start in den Tag sollte eine lang anhaltende Sättigung bis zur Mittagszeit gewährleisten, um vormittags konzentriert arbeiten zu können. Ein proteinreiches Frühstück ist eine ideale Basis dafür. Gerne mit Hülsenfrüchten, Haferflocken oder Eiern.

SAUERKRAUT-HIRSE-MISCHUNG

glutenfrei, vegan

Sauerkraut enthält B-Vitamine – vor allem Vitamin B_{12}, das bei einer veganen Ernährung sehr wichtig ist. Das »saure Kraut« schmeckt in Verbindung mit Hirse sehr gut.

Zutaten für 4 Portionen

- 100 g Hirse
- ½ l Gemüsebrühe
- 1 rote Paprikaschote
- 2 Frühlingszwiebeln
- ½ Bund Schnittlauch
- 100 g rohes Sauerkraut
- 2 EL Olivenöl
- 1 TL Ajvar (Paprikapaste)
- Meersalz
- grob geschroteter schwarzer Pfeffer

Zubereitungszeit: 35 Minuten

1 Die Hirse in Sieb geben, unter fließendem Wasser waschen und abtropfen lassen. Die Gemüsebrühe in einem Topf aufkochen. Die Hirse in die kochende Brühe einrühren und bei schwacher Hitze etwa 10 Minuten garen lassen, dabei öfter umrühren. Den Topf zur Seite ziehen und die Hirse etwa 20 Minuten quellen lassen.

2 Inzwischen die Paprikaschote waschen, halbieren, Stielansatz, Trennwände und Samen entfernen und das Fruchtfleisch in feine Würfel schneiden. Die Frühlingszwiebeln waschen, putzen und klein würfeln. Den Schnittlauch waschen, trocken schwenken und in feine Röllchen schneiden. Das Sauerkraut fest ausdrücken und fein hacken.

3 Die Hirse in eine Schüssel füllen und mit allen vorbereiteten Zutaten locker vermengen. Mit Olivenöl und Ajvar verrühren und mit Meersalz und Pfeffer würzen.

Variante

1 Esslöffel »PURYA! Super Sprouts Bio Leinsamen Pulver« unter die Sauerkrautmischung mengen. Gekeimte Leinsamen liefern wertvolle Omega-3-Fettsäuren und geben der Sauerkrautmischung einen nussigen Kick.

Tipp

Dazu Knäckebrot oder Eiweißbrot essen.

ROTE-LINSEN-LIMETTEN-AUFSTRICH

vegan

Dieser Aufstrich verträgt als Würzung auch Currypulver, Kreuzkümmel und Chilipulver. Und er lässt sich durch frische Kräuter – beispielsweise Schnittlauch oder Koriandergrün – verfeinern.

Zutaten für 4 Portionen

- 150 g rote Linsen
- Salz
- 1 kleines Bund Petersilie
- 1 kleine Zwiebel
- 3 EL Rapsöl
- Saft von 1 Limette
- 1 Prise Cayennepfeffer
- schwarzer Pfeffer aus der Mühle

Zubereitungszeit: 20 Minuten

1. Die Linsen mit knapp 400 Milliliter Wasser und 1 Prise Salz in einem Topf aufkochen. Die Hitzezufuhr reduzieren und die Linsen bei mittlerer Hitze in etwa 10 Minuten garen. Beiseitenehmen und im Topf vollständig abkühlen lassen.
2. Inzwischen die Petersilie waschen, trocken schwenken, die Blättchen von den Stielen abzupfen und hacken. Die Zwiebel abziehen und fein würfeln.
3. Rapsöl und Limettensaft zu den Linsen geben und diese mit einem Stabmixer pürieren. Petersilie und Zwiebelwürfel unterrühren und alles mit Salz, Cayennepfeffer und schwarzem Pfeffer würzen.

variante

Zur Unterstützung bei sportlich hoher Belastung den Linsen 1 Teelöffel »PURYA! Bio Sonnenblumen Protein Pulver« sowie 2 bis 3 Esslöffel Wasser vor dem Pürieren (Step 3) dazugeben.

Tipp

Der Aufstrich hält sich, gut verschlossen, 2 bis 3 Tage im Kühlschrank.

TOFUPFANNE MIT FRÜHLINGSZWIEBELN

glutenfrei

Kurkuma würzt nicht stark, doch es verhilft dem Gericht zu einer schönen goldenen Farbe. Zudem regt es unseren Stoffwechsel an und wirkt gegen Entzündungen.

Zutaten für 4 Portionen

- 2 Frühlingszwiebeln
- ½ Bund Schnittlauch
- 250 g Seidentofu
- 250 g Tofu natur
- 1 TL Butter
- Salz
- schwarzer Pfeffer aus der Mühle
- 1 kräftige Prise Kurkuma

Zubereitungszeit: 15 Minuten

1. Die Frühlingszwiebeln waschen, putzen, das dunkle Grün entfernen (etwas für die Garnitur beiseitelegen) und die hellen Teile klein würfeln. Den Schnittlauch waschen, trocken schwenken und in feine Röllchen schneiden.
2. Den Seidentofu in einer Schüssel mit einer Gabel zu Mus zerdrücken. Den Tofu in kleine Stücke schneiden. Die Butter in einer Pfanne erhitzen und darin die hellen Teile der Frühlingszwiebeln andünsten. Den zermusten Seidentofu hinzufügen und unter Rühren 3 bis 4 Minuten kräftig anbraten.
3. Die Tofustücke einrühren. Alles 1 bis 2 Minuten weiterbraten und mit Salz, Pfeffer und Kurkuma würzen. Den Pfanneninhalt mit Schnittlauch und etwas Frühlingszwiebelgrün bestreuen.

variante

Veganer ersetzen die Butter durch Margarine. Kräftiger im Geschmack wird das Gericht, wenn Räuchertofu verwendet und mit Sojasauce und Cayennepfeffer gewürzt wird.

Tipp

Auf glutenfreie Brotscheiben geben, mit Paprikastreifen und Tomatenscheiben belegen und mit 1 Esslöffel »PURYA! Super Sprouts Bio Leinsamen Pulver« aus gekeimten Leinsamen bestreuen.

GEMÜSE-EIER-PFANNE MIT SCHAFSKÄSE

vegetarisch

Schafskäse schmeckt nicht nur gut, sondern ist auch kalorienarm und steuert 17 Gramm Protein pro 100 Gramm Käse bei. Zu diesem Gericht schmeckt ein Minze-Mandel-Pesto.

Zutaten für 4 Portionen

- 1 Zwiebel
- 300 g aromatische Tomaten
- 2 grüne längliche Paprikaschoten
- 150 g Schafskäse (Feta)
- 2 EL Pflanzenöl (z. B. Sonnenblumenöl)
- Salz
- schwarzer Pfeffer aus der Mühle
- ½ TL Pul Biber (türkisches Paprikagewürz)
- 4 Eier

Zubereitungszeit: 15 Minuten

1. Die Zwiebel abziehen und in feine Streifen schneiden. Die Tomaten waschen, kreuzweise am Stielansatz einschneiden, in eine Schüssel geben, mit kochend heißem Wasser übergießen, häuten, entkernen und das Fruchtfleisch klein schneiden. Die Paprikaschoten waschen, längs halbieren, Stielansatz, Trennwände und Samen entfernen und das Fruchtfleisch in schmale Streifen schneiden. Den Käse in kleine Stücke schneiden oder grob zerbröseln.
2. Das Öl in einer Pfanne erhitzen und darin die Zwiebel- und Paprikastreifen 2 bis 3 Minuten anbraten. Die Tomatenstücke hinzufügen und mit Salz, Pfeffer und Pul Biber würzen. Alles 3 bis 4 Minuten dünsten lassen.
3. Die Eier aufschlagen, verquirlen und in die Pfanne gießen. Den Käse darübergeben. Die Eier nur kurz stocken lassen, damit das Gericht schön saftig serviert werden kann.

Tipp

Für das Minze-Mandel-Pesto 1 Bund Minze waschen, trocken schütteln und die Blättchen von den Stielen abzupfen. 2 Knoblauchzehen abziehen. Minze, Knoblauch, Saft von ½ Zitrone und 50 Gramm geschälte Mandeln in einem Blitzhacker zerkleinern und dabei 100 Milliliter Sonnenblumenöl langsam zugießen. Mit Salz und Pfeffer würzen.

SPIEGELEIER AUS DEM BACKOFEN

glutenfrei

Dieses Eiergericht eignet sich auf ideale Weise für ein sonntägliches Frühstücksbüfett, da es sich in der heißen Form warm halten lässt. Wer mag, bereitet es gleich in Portionsförmchen zu.

Zutaten für 4 Portionen

- ½ Bund glatte Petersilie
- 1 Schalotte
- 1 Fleischtomate
- 2 EL Olivenöl
- 4 Eier
- Salz
- schwarzer Pfeffer aus der Mühle
- Cayennepfeffer

Zubereitungszeit: 20 Minuten

1. Den Backofen auf 180 °C (Umluft: 160 °C, Gas: Stufe 2–3) vorheizen. Eine flache Auflaufform bereitstellen.
2. Die Petersilie waschen, trocken schwenken, die Blättchen von den Stielen abzupfen und fein hacken. Die Schalotte abziehen und fein würfeln.
3. Die Fleischtomate waschen, kreuzweise am Stielansatz einschneiden, in eine Schüssel geben, mit kochend heißem Wasser übergießen, häuten, entkernen und das Fruchtfleisch klein schneiden.
4. Schalottenwürfel, Petersilie und Tomatenstückchen mit 1 Esslöffel Olivenöl verrühren und auf den Boden der Auflaufform verteilen.
5. Die Eier einzeln aufschlagen und wie Spiegeleier auf die Tomatenmischung geben. Mit Salz, Pfeffer und Cayennepfeffer würzen und mit dem restlichen Olivenöl beträufeln.
6. Die Form in den vorgeheizten Backofen geben und die Spiegeleier in 8 bis 10 Minuten stocken lassen.

Tipp

Die Spiegeleier nach Belieben mit Käseraspel (Gouda oder Emmentaler) gratinieren.

MANDEL-CAROB-AUFSTRICH

vegan

Das süßlich-malzig schmeckende Carobpulver wird aus der Frucht des Johannisbrotbaums gewonnen. Es ist eine Alternative zu Kakaopulver, das Koffein enthält.

Zutaten für 1 Schraubglas

- 100 g weißes Mandelmus
- 100 g Ahornsirup
- 3 EL Sonnenblumenöl
- 1 EL Carobpulver

Zum Abfüllen:

- 1 Schraubglas (à 250 ml Inhalt)

Zubereitungszeit: 10 Minuten

1. Alle Zutaten in einem Standmixer oder mit einem Stabmixer so lange mixen, bis eine homogene cremige Masse entstanden ist.
2. Die Creme in ein Schraubglas füllen, luftdicht verschließen und in den Kühlschrank stellen. Innerhalb von einer Woche aufbrauchen.

variante

Für einen Schokoaufstrich auf Sojabasis 50 Gramm Mandelmus, 100 Milliliter Sojadrink und 50 Gramm Ahornsirup cremig mixen. Erst dann 1 Esslöffel Carobpulver unterrühren.

tipp

Statt Carobpulver »PURYA! Vegan High Protein Shake Choco«-Pulver in derselben Menge verwenden. Die Basis des Pulvermix besteht aus Reis- und Sonnenblumenprotein.

HAFERFLOCKEN MIT FRISCHKÄSE UND HANF

glutenfrei

Dieses Gericht ist ein hochwertiger Energielieferant, etwa als Frühstück vor einem Fitnessstudio-Besuch. Wer es morgens eilig hat, der bereitet es am Abend zuvor zu.

Zutaten für 4 Portionen

- 200 g glutenfreie Haferflocken
- 300 g kerniger Frischkäse (Hüttenkäse)
- 4 EL Apfeldicksaft
- 1 Granatapfel
- 2 EL PURYA! Bio Hanf Protein Pulver
- 1 Messerspitze gemahlener Zimt
- 2 EL grob gehackte Cashewkerne

Zubereitungszeit: 10 Minuten plus Ruhezeit

1. Die Haferflocken mit Frischkäse und Apfeldicksaft in einer Schüssel vermengen. Mit einem Tuch abdecken und bei Zimmerwärme 30 Minuten ruhen lassen.
2. Die Granatapfelkerne auslösen. Dafür die Frucht mit einem schweren Messer in Viertel schneiden. Den kronenähnlichen Kelchansatz abtrennen. Die Fruchtviertel nacheinander über einen tiefen Teller halten und die Schale etwas biegen – dabei fallen die Kerne meist von alleine raus. Wenn das nicht hilft, mit einem kleinen Löffel nachhelfen. Die hellen Zwischenhäute entfernen.
3. Den Haferflockenbrei mit Hanfproteinpulver verrühren und mit Zimt würzen. Die Granatapfelkerne abwechselnd mit dem Haferbrei auf kleine Portionsschalen verteilen. Mit Cashewkernen bestreuen.

Rezepte für das Mittagessen

Nicht jede Arbeitsstätte verwöhnt ihre Mitarbeiter mit gesunder Kost vor Ort. Die Alternative ist ein ausgewogenes, selbst mitgebrachtes Essen. Von Amaranth und Buchweizen über Gemüse bis hin zu Linsen und Sprossen – gut kombiniert und fein gewürzt.

QUINOA-FINGERNUDELN

glutenfrei, vegan

Das Inka-Korn Quinoa ist eine der wichtigsten pflanzlichen Eiweißquellen weltweit. Es enthält kein Gluten, da die Pflanze kein Getreide, sondern ein Fuchsschwanzgewächs ist.

Zutaten für 4 Portionen

- 1 kleine Stange Lauch
- 6 EL Sonnenblumenöl
- Salz
- schwarzer Pfeffer aus der Mühle
- ½ l Gemüsebrühe
- 250 g weiße, geschälte Quinoa
- 1 kleines Bund gemischte Kräuter
- 150 g Sojajoghurt
- 1 TL mittelscharfer Senf
- 1 Prise Chilipulver
- 2 EL Hefeflocken
- 2 EL Maisstärke (ist glutenfrei)
- 1 Romanasalat-Herz

Zubereitungszeit: 35 Minuten

1 Das Grün der Lauchstange abschneiden, den Lauch längs halbieren, zwischen den Blattschichten waschen und quer in dünne Streifen schneiden. 2 Esslöffel Öl in einem Topf erhitzen und darin die Lauchstreifen 2 bis 3 Minuten andünsten. Mit Salz und Pfeffer würzen.

2 Die Brühe dazugießen und aufkochen lassen. Die Quinoa in ein Sieb geben, kalt waschen, abtropfen lassen, hinzufügen, die Hitzezufuhr reduzieren und unter gelegentlichem Rühren etwa 12 Minuten garen, bis sie weich ist.

3 Die Kräuter waschen, trocken schwenken, die Blättchen von den Stielen abzupfen und hacken. Den Joghurt mit Senf und Kräutern verrühren und mit Salz, Pfeffer und Chilipulver würzen. Abdecken und kühl stellen.

4 Quinoa in eine Schüssel umfüllen und erkalten lassen. Hefeflocken, Maisstärke, Salz und Pfeffer dazugeben und zu einem homogen Teig verkneten. Den Teig etwa 10 Minuten quellen lassen.

5 Aus dem Quinoateig fingerlange und -dicke Rollen formen. Das restliche Öl erhitzen und darin die Fingernudeln rundum knusprig braten. Danach auf Küchenpapier entfetten.

6 Das Salatherz entblättern, die Blätter waschen und trocken schwenken. Alles auf Tellern anrichten oder in je ein Salatblatt eine Fingernudel wickeln und mit Kräuterjoghurt beträufeln.

BACKOFEN-ROTE-BETE MIT MOHN UND HANF

vegan

Die nussig schmeckenden Hanfsamen und die kalorienarmen Mohnsamen sind Protein pur. In Kombination mit Rote Bete liefern sie viele Vitamine und Mineralstoffe, speziell Eisen.

Foto Seite 61 oben

Zutaten für 4 Portionen

- 4 rohe Knollen Rote Bete
- 2 EL Olivenöl
- Meersalz
- schwarzer Pfeffer aus der Mühle
- Saft von 1 Blutorange
- 2 EL Aceto balsamico
- 1 EL Granatapfelsirup
- 2 EL Mohnsamen
- 2 EL Hanfsamen

Zum Einwickeln:

- Alufolie

Zubereitungszeit: 60 Minuten

1. Den Backofen auf 200 °C (Umluft: 180 °C, Gas: Stufe 3–4) vorheizen.
2. Die Rote-Bete-Knollen waschen und mit Küchenpapier abtrocknen. Je eine Rote-Bete-Knolle auf ein Stück Alufolie setzen, mit wenig Olivenöl beträufeln, mit Salz und Pfeffer würzen und die Alufolie über der Knolle verschließen. Die Päckchen auf die mittlere Schiene des Backofens geben und die Knollen etwa 45 Minuten garen. Herausnehmen und abkühlen lassen.
3. Restliches Olivenöl, Blutorangensaft, Aceto balsamico und Granatapfelsirup miteinander zu einem Dressing verrühren.
4. Die abgekühlten Rote-Bete-Knollen schälen und in Stifte schneiden. Das Dressing über die Gemüsestifte geben und untermischen. In Portionsschalen verteilen und mit Mohn- und Hanfsamen bestreuen.

Tipp

Wenn es schnell gehen muss, vorgekochte Rote Bete verwenden. Diese gibt es im Gemüseregal in gut sortierten Supermärkten.

Rezept Seite 60
Rezept Seite 62

BOHNENSALAT MIT MAIS UND WALNUSS

glutenfrei, vegan

Grüne Bohnen sind mit vielen Lebensmitteln kombinierbar, etwa mit Tofu, Nüssen, Samen und Gemüse. Sie dürfen nicht roh verzehrt werden, denn sie enthalten das giftige Phasin, das durch Erhitzen unschädlich gemacht wird.

Foto Seite 61 unten

Zutaten für 4 Portionen

- 500 g grüne Bohnen
- Salz
- 1 Prise getrocknetes Bohnenkraut
- 1 Zwiebel
- 150 g Gemüsemais (Dose)
- 50 g Walnusskerne
- 3 EL Walnussöl
- 2 EL Apfelessig
- schwarzer Pfeffer aus der Mühle

Zubereitungszeit: 20 Minuten

1. Die Bohnen waschen und putzen. Wasser mit Salz und Bohnenkraut aufkochen und darin die Bohnen in 7 bis 8 Minuten bissfest garen. Mit kaltem Wasser abschrecken und abtropfen lassen.
2. Inzwischen die Zwiebel abziehen und fein würfeln. Den Gemüsemais abtropfen lassen. Die Walnusskerne grob hacken.
3. Die Bohnen mit Zwiebeln, Mais, Walnussöl und Apfelessig vermischen. Mit Salz und Pfeffer würzen. Zuletzt die Walnüsse untermengen.

Variante

1 Esslöffel Sesampaste (Tahin) mit 1 Teelöffel Ahornsirup, je 2 Esslöffeln Rapsöl und Weißweinessig zu einem Dressing rühren. Mit den Zwiebelwürfeln und den Bohnen locker vermengen. Nach Belieben mit frisch gehacktem Koriandergrün garnieren.

Variante

50 Gramm Gorgonzola mit 100 Gramm flüssiger Sahne und je 1 Esslöffel Sonnenblumenöl und Weißweinessig cremig rühren. Mit den gekochten Bohnen, Zwiebelwürfeln und 50 Gramm Haselnussblättchen locker vermengen. Mit Salz und Pfeffer würzen und mit gehackter Petersilie garnieren.

POLENTASCHNITTCHEN MIT BASILIKUMDIP

vegan

Cremig-weich kommen diese Polentaschnitten daher, die sich am Abend vorher vorbereiten lassen. Zum Arbeitsplatz das Basilikum separat mitnehmen und erst kurz vor dem Verzehr unter den gewürzten Joghurt mischen.

Zutaten für 4 Portionen

- 800 ml Gemüsebrühe
- 250 g Maisgrieß (Polenta)
- 50 g Walnusskerne
- Salz
- schwarzer Pfeffer aus der Mühle
- 1 Prise geriebene Muskatnuss
- 4 EL Olivenöl
- 1 kleines Bund Basilikum
- 150 g Sojajoghurt
- Saft von ½ Zitrone

Für das Backblech:

- Alufolie

Zubereitungszeit: 30 Minuten plus Kühlzeit

1. Die Gemüsebrühe in einem breiten Topf aufkochen. Den Maisgrieß einrieseln und unter Rühren etwa 2 Minuten kochen lassen. Den Topf mit einem Deckel verschließen und beiseitestellen.
2. Die Walnusskerne fein hacken. Eine beschichtete Pfanne ohne Fett erhitzen und darin die Walnüsse unter Rühren 1 bis 2 Minuten rösten. Die gerösteten Walnüsse unter die Polentamasse rühren und die Mischung mit Salz, Pfeffer und Muskatnuss würzen.
3. Ein halbes Backblech mit Alufolie belegen und mit 1 Esslöffel Olivenöl bestreichen. Die Polentamasse darauf etwa 2 Zentimeter hoch verteilen und glatt streichen. Bei Zimmertemperatur vollständig abkühlen lassen.
4. Aus der erkalteten Polentamasse etwa 20 Schnittchen von etwa 3 x 2 Zentimeter Größe schneiden. 3 Esslöffel Olivenöl in einer beschichteten Pfanne erhitzen und darin die Polentaschnittchen auf beiden Seiten knusprig braten.
5. Das Basilikum waschen, trocken schwenken, die Blättchen von den Stielen abzupfen und in Streifen schneiden. Mit Sojajoghurt und Zitronensaft verrühren. Mit Salz und Pfeffer würzen.

INGWERLINSEN MIT SCHÄRFEKICK

vegan

Dieses Eintopfrezept lässt sich auch mit anderen Linsen zubereiten. Die hier verwendeten graugrünen bis braunen kleinen Berglinsen schmecken kräftig.

Foto Seite 65 oben

Zutaten für 4 Portionen

- 250 g Berglinsen
- 2 Frühlingszwiebeln
- 1 kleines Stück Ingwer (3–4 cm)
- 2 EL Pflanzenöl (Sonnenblumenöl)
- 1 EL gelbe Currypaste
- ½ l Gemüsebrühe
- 400 g gelbe geschälte Kirschtomaten (Dose)
- Salz
- schwarzer Pfeffer aus der Mühle

Zubereitungszeit: 40 Minuten

1. Die Berglinsen in ein Sieb geben und unter kaltem Wasser waschen. Mit kaltem Wasser in einen Topf geben, leicht salzen und aufkochen. Die Hitzezufuhr reduzieren und die Linsen in 25 bis 30 Minuten garen.
2. Inzwischen die Frühlingszwiebeln waschen, putzen und fein würfeln. Den Ingwer schälen, zwei Drittel davon fein würfeln und das restliche Drittel beiseitelegen.
3. Das Öl in einem Topf erhitzen und darin Frühlingszwiebeln und Ingwerwürfel kurz andünsten. Die Currypaste dazugeben und unter Rühren 1 Minute mitschwitzen. Die Gemüsebrühe dazugießen. Die Kirschtomaten sowie die gegarten Berglinsen zufügen und den Eintopf gut 5 Minuten leise köcheln lassen.
4. Das restliche Stück Ingwer fein schaben. Den Eintopf mit Salz und Pfeffer würzen und mit dem geschabten Ingwer garnieren.

Variante

Den Eintopf nicht mit Ingwer würzen, sondern einen Ingwerjoghurt dazu servieren. Dazu 150 Gramm Sojajoghurt mit etwas frisch geschabtem Ingwer, je 1 Prise gemahlenem Kardamom und Kreuzkümmel, Salz, Pfeffer und ein paar Zitronenspritzern würzen. Nach Belieben 1 Esslöffel frisch gehacktes Koriandergrün unterrühren.

Rezept Seite 64
Rezept Seite 66

SÜSSKARTOFFELSUPPE MIT KOKOSMILCH

glutenfrei, vegan

Süßkartoffel, die süß schmeckende Gemüseknolle aus Südamerika, ist bei uns auch unter dem Namen Batate bekannt. Auf Spanisch heißt sie Batata, Boniato und Camote.

Foto Seite 65 unten

Zutaten für 4 Portionen

- 500 g Süßkartoffeln
- 1 Stängel Zitronengras
- 2 EL Pflanzenöl (z. B. Sonnenblumenöl)
- 250 g geschälte Tomaten mit Saft (Dose)
- ½ l Gemüsebrühe
- 200 g Kokosmilch
- ½ kleines Bund Koriandergrün
- Salz
- schwarzer Pfeffer aus der Mühle

Zubereitungszeit: 30 Minuten

1. Die Süßkartoffeln waschen, schälen und in etwa 2 Zentimeter dicke Stücke schneiden. Das Zitronengras waschen.
2. Öl in einem Topf erhitzen und darin die Süßkartoffelstücke 1 Minute braten. Die Tomaten mit Saft hinzufügen und kurz durchrühren. Gemüsebrühe und Kokosmilch dazugießen.
3. Den Topfinhalt aufkochen, das Zitronengras im Ganzen als Aromat einlegen, die Hitzezufuhr reduzieren und die Suppe bei mittlerer Hitze 15 bis 20 Minuten leise kochen.
4. Inzwischen das Koriandergrün waschen, trocken schwenken, die Blättchen von den Stielen abzupfen und fein hacken.
5. Das Zitronengras aus dem Suppentopf entfernen. Die Suppe mit einem Stabmixer fein pürieren und mit Salz und Pfeffer würzen. Mit Koriandergrün garnieren.

Tipp

Auch für Glutenallergiker geeignet.

ERBSENSUPPE MIT SPROSSEN

glutenfrei

Die reinste Erbsenzählerei ist diese Suppe, denn ein paar Erbsen bleiben ganz. Sprossen sind wahre Energiebündel und können problemlos auf der Fensterbank gezüchtet werden.

Foto Seite 68 oben

Zutaten für 4 Portionen

- 1 Kartoffel (ca. 100 g)
- 600 ml Gemüsebrühe
- 550 g grüne Erbsen (TK)
- 50 g kalte Butter
- Salz
- schwarzer Pfeffer aus der Mühle
- 4 getrocknete Tomaten in Olivenöl
- 1 Handvoll Erbsensprossen

Zubereitungszeit: 25 Minuten

1. Die Kartoffel waschen, schälen und grob zerteilen. Die Gemüsebrühe aufkochen. Die Kartoffelstücke und 500 Gramm Erbsen hinzufügen, kurz aufkochen und die Hitzezufuhr reduzieren. Die Suppe bei mittlerer Hitze etwa 20 Minuten garen.
2. Den Topf von der Kochstelle ziehen. Die Butter in die Suppe geben und alles mit einem Stabmixer pürieren. Mit Salz und Pfeffer würzen. Die restlichen Erbsen in die Suppe geben.
3. Die Suppe auf Teller verteilen. Die Tomaten abtropfen lassen, klein schneiden und zusammen mit den Erbsensprossen auf den Suppenportionen verteilen.

Rezept Seite 67

Rezept Seite 69

HAFER-KÜRBIS-SUPPE MIT ORANGENDUFT

vegan

Viel pflanzliches Eiweiß steckt in Hafersahne, die es in gut sortierten Super- oder Drogeriemärkten gibt – eine vegane, kalorienärmere Alternative zur herkömmlichen Sahne.

Foto Seite 68 unten

Zutaten für 4 Portionen

- 1 Hokkaido-Kürbis (600 bis 800 g)
- etwa 3 cm Ingwer
- ½ kleines Bund Suppengemüse (Lauch, Sellerie, Möhre, Petersilie)
- 2 EL Pflanzenöl (z. B. Sonnenblumenöl)
- Salz
- schwarzer Pfeffer aus der Mühle
- Cayennepfeffer
- ¾ l Gemüsebrühe
- 1 Bio-Orange
- 100 g Hafersahne

Zubereitungszeit: 35 Minuten

1. Den Kürbis schälen, Kerne entfernen und das Fruchtfleisch in etwa 2 Zentimeter große Stücke schneiden. Den Ingwer schälen und fein würfeln. Das Suppengemüse waschen, Sellerie und Möhre schälen und alles klein würfeln. Die Petersilie waschen, trocken schwenken, die Blätter von den Stielen abzupfen und für die Garnitur beiseitelegen.
2. Öl in einem Topf erhitzen und darin Gemüse und Ingwer etwa 2 Minuten andünsten. Die Kürbisstücke dazugeben und 3 bis 4 Minuten mitdünsten. Mit Salz, Pfeffer und Cayennepfeffer würzen. Die Brühe dazugießen, aufkochen lassen, die Hitzezufuhr reduzieren und alles in etwa 15 Minuten garen.
3. Inzwischen die Orange heiß abwaschen, mit Küchenpapier abtrocknen und die Schale mit einer feinen Reibe abreiben. Die Orange halbieren und den Saft auspressen. Schale und Saft unter das Gemüse rühren. Den Topf von der Kochstelle nehmen.
4. Die Suppe mit einem Stabmixer pürieren und nach Belieben einige grobe Kürbisstücke im Ganzen belassen.
5. Die Hafersahne dazugießen, die Suppe jedoch nicht mehr kochen lassen. Abschmecken. Die Petersilie fein hacken und auf die Suppe geben.

SCHWARZE QUINOA IM ORANGEFARBENEN SÜPPCHEN

glutenfrei

Speziell Glutenallergiker haben das Pseudogetreide Quinoa entdeckt, da es von Natur aus glutenfrei ist. In diesem Rezept dient Quinoa als Einlage in einer kalten Suppe.

Zutaten für 4 Portionen

- 50 g schwarze Quinoa
- 3 Stängel Zitronenmelisse
- 1 Bio-Orange
- 1 kleine Möhre (90 g)
- 1 Flugmango
- 500 g Buttermilch

Zubereitungszeit: 25 Minuten

1. Quinoa in ein Sieb geben, unter kaltem Wasser gründlich waschen und abtropfen lassen. In einen Topf geben, 150 Milliliter Wasser dazugießen und zum Kochen bringen. Nach dem ersten Aufkochen die Hitzezufuhr reduzieren und die Quinoa bei schwacher Hitze etwa 15 Minuten garen lassen.
2. Die Zitronenmelisse waschen, trocken schwenken, die Blättchen von den Stielen abzupfen und in Streifen schneiden. Die Orange heiß waschen und mit Küchenpapier trocken reiben. Die Schale fein abreiben und dabei darauf achten, dass die weiße, bittere Schicht nicht mitabgerieben wird. Anschließend den Saft aus der Orange pressen.
3. Die Möhre waschen, schälen und klein schneiden und mit dem Orangensaft in einem Standmixer pürieren. Das Möhrenpüree unter die gegarte Quinoa im Topf rühren.
4. Die Mango schälen und das Fruchtfleisch vom Kern schneiden. Mangofruchtfleisch, Buttermilch, Orangenschale und Zitronenmelisse im Standmixer kurz mixen. Quinoa auf kleine Teller verteilen und mit der farbigen Buttermilch begießen.

CURRY-SPINAT-BÄLLCHEN MIT PINIENKERNEN

vegan

Auch gut zum Mitnehmen ins Büro. Dafür am besten Currysauce und Spinat getrennt voneinander einpacken und erst zum Essen das Gemüse mit Sauce überziehen.

Zutaten für 4 Portionen

- Salz
- 1 kg frischer Spinat
- 50 g Pinienkerne
- 1 Schalotte
- 300 g Sojajoghurt
- 1 TL kräftiges Currypulver
- 1 kräftige Prise Chilipulver
- schwarzer Pfeffer aus der Mühle

Zubereitungszeit: 20 Minuten

1. In einem großen Topf Wasser mit Salz aufkochen. Den Spinat waschen, putzen und abtropfen lassen. Die Spinatblätter zum Blanchieren in das kochende Salzwasser geben, einmal kurz aufkochen lassen und sofort in ein Sieb schütten. Mit kaltem Wasser begießen und gründlich abtropfen lassen.
2. Eine beschichtete Pfanne ohne Fett erhitzen und darin die Pinienkerne unter Rühren 1 bis 2 Minuten rösten, bis sie duften. Zum Abkühlen auf einen Teller geben.
3. Die Schalotte abziehen, fein würfeln und mit dem Joghurt verrühren. Mit Currypulver, Chilipulver, Salz und Pfeffer kräftig würzen.
4. Den abgetropften Spinat in 8 oder 12 Portionen teilen. Jede Portion Spinat in der Hand nochmals kräftig ausdrücken und eine Kugel formen. Die Spinatkugeln in eine Servierschüssel geben. Mit dem Würzjoghurt überziehen und mit den Pinienkernen bestreuen.

Info

Durch das Blanchieren in kochendem Salzwasser gart der Spinat. Das anschließende Abschrecken mit kaltem Wasser sichert ihm seine grüne Farbe.

AVOCADOSALAT MIT KAMUT

vegan

Die recht großen Körner der gelbfarbigen Urweizenart Kamut sind sehr eiweißhaltig und reich an B-Vitaminen, Magnesium und Zink. Sie schmecken leicht nussig.

Zutaten für 4 Portionen

- 1 Stange Lauch
- 1 Möhre (100 g)
- 4 Strauchtomaten
- ½ kleines Bund Petersilie
- 3 EL Rapsöl
- 150 g grob geschroteter Kamut
- Salz
- schwarzer Pfeffer aus der Mühle
- 1 Messerspitze geriebene Muskatnuss
- 300 ml Gemüsebrühe
- 1 EL weißer Aceto balsamico
- 2 Avocados (z. B. Sorte Hass)

Zubereitungszeit: 30 Minuten

1. Die Lauchstange von Wurzelansatz und dunkelgrünen Blattteilen befreien. Den Lauch längs halbieren, zwischen den Blattschichten waschen und in schmale Streifen schneiden. Die Möhre waschen, schälen und in kleine Würfel schneiden. Tomaten waschen, Stielansätze entfernen und das Fruchtfleisch klein würfeln. Die Petersilie waschen, trocken schwenken, die Blättchen von den Stielen abzupfen und fein hacken.
2. In einer beschichteten Pfanne mit hohem Rand 2 Esslöffel Rapsöl erhitzen und darin Lauchstreifen und Möhrenwürfel 2 bis 3 Minuten andünsten. Den Kamut einstreuen und unter Rühren 4 bis 5 Minuten braten. Mit Salz, Pfeffer und Muskatnuss würzen.
3. Die Gemüsebrühe zum Pfanneninhalt gießen, die Pfanne mit einem Deckel verschließen und alles in etwa 10 Minuten garen. Leicht abkühlen lassen. Tomaten, Petersilie, restliches Rapsöl und Aceto balsamico untermischen.
4. Die Avocados schälen, halbieren und das Fruchtfleisch in dünne Scheibchen schneiden. Auf Tellern mit der lauwarmem Kamut-Gemüse-Mischung anrichten.

Tipp

Falls kein Kamut zur Verfügung steht, Grünkern oder Vollkornreis verwenden.

SESAM-LUPINENFILETS MIT INGWER

vegan

Belegte Brötchen einmal anders: asiatisch gewürzt, schnell zubereitet und lecker zum Reinbeißen. Als Mittagessen außer Haus das Dressing erst vor Ort an den Salat geben.

Zutaten für 4 kleine Portionen

- 50 g weiße geschälte Sesamsamen
- 2 EL helle Sojasauce
- 1 Kopfsalat-Herz
- 3–4 cm Ingwer
- 2 Lupinenfilets (à 200 g)
- 2 EL Weizenkeimöl
- 1 EL Reisessig
- 1 EL süße Chilisauce
- 1 TL Sesamöl (siehe Tipp)
- schwarzer Pfeffer aus der Mühle
- 2 Roggenbrötchen

Zubereitungszeit: 20 Minuten

1. Eine beschichtete Pfanne ohne Fett erhitzen und darin die Sesamsamen unter Rühren 1 bis 2 Minuten rösten, bis sie duften. Zum Abkühlen in eine kleine Schüssel geben. Mit Sojasauce vermengen.
2. Das Salatherz entblättern, waschen, trocken schwenken und in Streifen schneiden. Den Ingwer schälen und fein hacken. Die beiden Lupinenfilets quer halbieren.
3. Das Weizenkeimöl in einer Pfanne erhitzen und darin die Lupinenfilets auf jeder Seite 2 bis 3 Minuten braten. Die Lupinenfilets mit der Sesam-Sojasauce beträufeln.
4. Reisessig, Chilisauce, Sesamöl und Ingwer zu einem Dressing verrühren. Das Dressing unter die Salatstreifen mischen.
5. Die Roggenbrötchen aufschneiden. Je eine Brötchenhälfte mit einem marinierten Lupinenfilet belegen und mit Salatstreifen bestreuen.

Tipp

Zum Würzen und Verfeinern wird das geröstete dunkle Sesamöl verwendet, das nicht zum Erhitzen geeignet ist. Das helle, nicht geröstete und meist kalt gepresste Sesamöl schmeckt dagegen eher neutral und ist hitzeunempfindlich.

Rezepte für das Abendessen

Nach einem langen Arbeitstag werden die Reserven aufgefüllt. Der Körper soll gut und vor allem sehr schmackhaft versorgt werden: mit hochwertigem Protein, Vitaminen, Mineralstoffen und Ballaststoffen, um keine Heißhungerphasen aufkommen zu lassen.

MANDEL-GURKEN-SUPPE MIT RAUCHGESCHMACK

glutenfrei, vegan

Diese kalte erfrischende Suppe ist genau das Richtige an heißen Sommertagen, wenn man nur etwas Leichtes zu sich nehmen möchte. Sie ist schön sämig.

Zutaten für 4 Portionen

- 50 g Mandelstifte
- 1 kleines Bund Dill
- 2 Salatgurken (ca. 800 g)
- 250 ml Mandeldrink
- 250 g Sojajoghurt
- Meersalz
- schwarzer Pfeffer aus der Mühle
- Cayennepfeffer

Zubereitungszeit: 20 Minuten

1. Eine beschichtete Pfanne ohne Fett erhitzen und darin die Mandelstifte unter Rühren 1 bis 2 Minuten rösten, bis sie duften. Zum Abkühlen auf einen Teller geben. Den Dill waschen, trocken schwenken, die Blättchen von den Stielen abzupfen und fein hacken.
2. Die Salatgurken waschen, schälen und längs halbieren. Drei Gurkenhälften klein schneiden und mit Mandeldrink und Sojajoghurt in einem Standmixer fein pürieren. Die entstandene kalte Suppe mit Meersalz, Pfeffer und Cayennepfeffer würzen.
3. Mit einem Löffel die Kerne aus vierten Gurkenhälfte herauskratzen und das Gurkenfleisch in kleine Stücke schneiden. Die Gurkenstückchen und den Dill in Suppenschalen verteilen. Die Gurkensuppe angießen und mit den Mandelstiften bestreuen.

Tipp

Die Suppe mit einem Hauch Piment d´Espelette oder leicht geräuchertem Chilipulver würzig krönen – so erhält sie einen feinen Räuchergeschmack.

FALAFEL MIT INGWER-LIMETTEN-DIP

vegan

Kichererbsen schmecken nussig und sind sehr nahrhaft, da sie viel Protein enthalten. Zu Falafel – mit etwas Pita-Brot vom Vortag – verarbeitet, kennt man sie als Streetfood.

Zutaten für 28 Stück

- 250 g getrocknete Kichererbsen
- Salz
- 150 g Pita-Brot (vom Vortag)
- 2 Schalotten
- 2 Knoblauchzehen
- 1 kleines Bund Koriandergrün
- 1 kleine, grüne Chilischote
- Saft von 1 Zitrone
- 1 TL Korianderkörner
- 1 TL Kreuzkümmel
- schwarzer Pfeffer aus der Mühle

Zum Frittieren:

- 1 l raffiniertes Rapsöl

Für den Dip:

- 3–4 cm Ingwer
- Abrieb und Saft von 1 Bio-Limette
- 1 EL Agavendicksaft
- 100 ml Olivenöl

Zubereitungszeit: 90 Minuten plus 12 Stunden Einweichzeit plus 1 Stunde Kühlzeit

1 Die Kichererbsen waschen und über Nacht in kaltem Wasser einweichen. Am nächsten Tag das Wasser abgießen. Die Kichererbsen mit frischem Wasser und 1 Prise Salz aufkochen und bei schwacher Hitze in etwa 50 Minuten weich kochen.

2 Das Pita-Brot zerrupfen, mit 200 Milliliter kaltem Wasser beträufeln und 10 Minuten einweichen lassen. Schalotten und Knoblauch abziehen und klein schneiden. Koriandergrün waschen und trocken schwenken. Die Chilischote waschen, Stielansatz und Kerne entfernen.

3 Kichererbsen abgießen und abtropfen lassen. Brot fest ausdrücken. Alle vorbereiteten Zutaten mit Zitronensaft, Korianderkörnern, Kreuzkümmel und Pfeffer so pürieren, dass noch stückige Kichererbsen enthalten sind. Die Masse abdecken und für 1 Stunde kühl stellen.

4 Für den Dip den Ingwer schälen und auf einer Küchenreibe fein reiben. Ingwer, Limettenabrieb und -saft, Agavendicksaft und Olivenöl miteinander verrühren.

5 Mit befeuchteten Händen aus dem Kichererbsenteig 28 Bällchen formen. Das Öl auf 180 °C siedend heiß erhitzen und die Bällchen darin 4 bis 5 Minuten goldbraun und knusprig frittieren. Auf Küchenpapier entfetten. Mit dem Dip genießen.

WEISSE BOHNEN AUS DEM BACKOFEN

vegan

Bekannt von Vorspeisen aus Italien und Griechenland, punkten die großen weißen Bohnen mit viel Protein und verdauungsfördernden Ballaststoffen. Hier ein solider Eintopf.

Zutaten für 4 Portionen

- 400 g getrocknete weiße (Riesen-)Bohnen
- Salz
- 400 g Tomaten
- 1 Zwiebel
- 2 Knoblauchzehen
- ½ Bund Suppengemüse (Möhre, Sellerie, Lauch)
- ½ l Gemüsebrühe
- 1 frischer Thymianzweig
- 2 EL Olivenöl
- 1 EL Tomatenmark
- schwarzer Pfeffer aus der Mühle
- 1 TL getrocknete Kräuter der Provence

Zubereitungszeit: 90 Minuten plus 8 Stunden Einweichzeit

1. Die Bohnen in 1 Liter kaltem Wasser für 8 Stunden einweichen. Das Wasser abgießen, die Bohnen gründlich durchspülen und in einem Topf mit frischem Salzwasser bedecken. Einmal aufkochen, die Hitzezufuhr reduzieren und die Bohnen in knapp 1 Stunde garen.
2. Inzwischen die Tomaten waschen, kreuzweise am Stielansatz einschneiden, in eine Schüssel geben, mit kochend heißem Wasser übergießen, häuten, entkernen und das Fruchtfleisch in kleine Würfel schneiden. Zwiebel und Knoblauch abziehen und fein würfeln. Suppengemüse waschen, Möhre und Sellerie schälen und alles klein würfeln.
3. Den Backofen auf 180 °C (Umluft: 160 °C, Gas: Stufe 2–3) vorheizen. Die gegarten Bohnen mit dem Kochwasser sowie der Hälfte der Gemüsebrühe in einen ofenfesten Schmortopf füllen. Den Thymianzweig einlegen.
4. Öl in einem Topf erhitzen und darin Zwiebeln, Knoblauch und Suppengemüse 5 Minuten braten. Das Tomatenmark einrühren, leicht rösten und mit der restlichen Brühe ablöschen. Tomatenwürfel einrühren und alles mit Salz, Pfeffer und Kräutern der Provence würzen.
5. Das Gemüse zu den Bohnen in den Schmortopf geben, umrühren und in den Backofen schieben. Die Garzeit beträgt 30 bis 35 Minuten.

Pair fight
drink for glory
Agony for Newport Chubb
top form

SÜSSKARTOFFELPOMMES MIT KETCHUP

vegan

Für das Backen der Süßkartoffelpommes wird in diesem Rezept neutrales Pflanzenöl verwendet, da Olivenöl besser im Dip schmeckt und nicht so hoch erhitzt werden sollte.

Zutaten für 4 Portionen

- 1 kg Süßkartoffeln
- 3 EL Pflanzenöl (z. B. Sonnenblumenöl, Rapsöl)
- Salz
- schwarzer Pfeffer aus der Mühle
- Rosenpaprikapulver
- Paprikapulver edelsüß

Für den Ketchup:

- 250 g aromatische Tomaten
- 1 kleines Bund Koriandergrün
- 2 Schalotten
- Saft von 1 Limette (oder Zitrone)
- 2 EL Olivenöl

Zubereitungszeit: 40 Minuten

1. Den Backofen auf 220 °C (Umluft: 200 °C, Gas: Stufe 4–5) vorheizen. Ein Backblech mit Backpapier auslegen. Die Süßkartoffeln waschen, schälen und in etwa 1 Zentimeter dicke Stäbe schneiden.
2. In einer großen Schüssel Pflanzenöl, Salz, Pfeffer, Rosenpaprika- und edelsüßes Paprikapulver vermischen, die Pommes dazugeben und alles gut vermengen. Auf dem Backblech verteilen, in den vorgeheizten Backofen schieben und die Pommes in etwa 20 Minuten knusprig garen.
3. Für den Ketchup die Tomaten waschen, kreuzweise am Stielansatz einschneiden und in kochendes Wasser legen. Nach dem ersten Aufkochen, sobald sich die Tomatenhäute lösen, das Wasser abgießen und die Tomaten mit kaltem Wasser abschrecken. Die Tomaten häuten, vierteln, entkernen und in kleine Würfel schneiden.
4. Das Koriandergrün waschen, trocken schwenken, die Blätter von den Stielen abzupfen und fein hacken. Die Schalotten abziehen und klein würfeln. Tomatenwürfel, Koriandergrün und Schalotten mit Limettensaft und Olivenöl vermengen. Mit Salz und Pfeffer würzen und mit einem Stabmixer zu Ketchup pürieren.

PAK-CHOI-WOK MIT SOBA-NUDELN

glutenfrei, vegan

Glutenfreiheit garantiert nur die Sojasauce »Tamari«, denn sie wird lediglich aus Sojabohnen, Meersalz und Wasser hergestellt. Die Sojasauce »Shoyu« enthält dagegen auch Weizen.

Zutaten für 4 Portionen

- Salz
- 150 g Soba-Nudeln (Buchweizennudeln)
- 2 Pak Choi
- 2–3 cm Ingwer
- 2 Knoblauchzehen
- 1 kleine, rote Chilischote
- 150 g Kirschtomaten
- 2 EL Pflanzenöl (z. B. Rapsöl)
- schwarzer Pfeffer aus der Mühle
- 100 ml Gemüsebrühe
- 1 EL Ahornsirup
- 3 EL Tamari (japanische Sojasauce)

Zubereitungszeit: 30 Minuten

1. Salzwasser in einem Topf aufkochen und darin die Soba-Nudeln in etwa 5 Minuten bissfest garen. Inzwischen den Pak Choi längs halbieren, zwischen den Blattschichten waschen, trocken schwenken und quer in etwa 1 Zentimeter breite Streifen schneiden.
2. Die gegarten Nudeln in ein Sieb gießen und abtropfen lassen. Ingwer schälen, Knoblauch abziehen und beides fein würfeln. Die Chilischote waschen, längs aufschlitzen, entkernen, Stielansatz entfernen und das Fruchtfleisch in kleine Würfel schneiden. Die Kirschtomaten waschen und vierteln.
3. Das Öl in einem Wok erhitzen und darin Knoblauch-, Ingwer- und Chiliwürfel kurz anbraten. Kirschtomaten und Pak Choi dazugeben und alles unter vorsichtigem Rühren 3 bis 4 Minuten braten. Mit Salz und Pfeffer würzen.
4. Inzwischen die Gemüsebrühe mit Ahornsirup und Tamari verrühren. Den Wokinhalt mit der gewürzten Gemüsebrühe beträufeln und 1 Minute weitergaren. Zum Schluss die Soba-Nudeln unterheben und alles abschmecken.

PUY-LINSEN SÜSSSAUER

glutenfrei

Die aus Frankreich, Indien oder Nordamerika importierten Puy-Linsen brauchen im getrockneten Zustand ob ihrer dünnen Schale nicht vor der Zubereitung eingeweicht zu werden.

Zutaten für 4 Portionen

- 1 Zwiebel
- 2 Knoblauchzehen
- 1 Möhre (ca. 100 g)
- 2 Frühlingszwiebeln
- 1 Stange Staudensellerie
- 300 g Puy-Linsen
- 2 EL Pflanzenöl
- 1 EL würziger Senf (z. B. Dijonsenf)
- 1 EL Ahornsirup
- ¾ l Gemüsebrühe
- 1 EL Weißweinessig
- 1 Prise getrockneter Thymian
- Salz
- schwarzer Pfeffer aus der Mühle

Zubereitungszeit: 50 Minuten

1 Zwiebel und Knoblauch abziehen und fein würfeln. Möhre waschen, schälen und in dünne Scheiben schneiden. Die Frühlingszwiebeln waschen, putzen und in dünne Ringe schneiden. Die Selleriestange waschen, putzen und quer in Stücke schneiden. Die Linsen in ein Sieb geben, unter kaltem Wasser waschen und abtropfen lassen.

2 Das Öl in einem Topf erhitzen und darin Zwiebel, Knoblauch und Möhre unter Rühren 2 Minuten dünsten. Die Linsen hinzufügen und kurz braten lassen. Senf und Ahornsirup einrühren. Die Gemüsebrühe dazugießen und kurz aufkochen lassen.

3 Das Linsengemüse mit Weißweinessig, Thymian, Salz und Pfeffer würzen und unter gelegentlichem Rühren bei schwacher Hitze zunächst 15 Minuten köcheln lassen. Frühlingszwiebeln und Sellerie hinzufügen und für weitere 15 Minuten mitköcheln lassen. Kurz vor dem Servieren abschmecken.

ERDNUSS-PAPRIKA-REIS MIT TEMPEH

glutenfrei

Tempeh ist ein fermentiertes Sojaprodukt von fester Konsistenz mit einem hohen, naturbedingten pflanzlichen Proteinanteil und mit einem beachtlichen Gehalt an Mineralstoffen.

Zutaten für 4 Portionen

- 100 g ungesalzene, geschälte Erdnüsse
- 1 rote Paprikaschote
- 1 gelbe Paprikaschote
- 1 kleine Zwiebel
- 4 EL Pflanzenöl (z. B. Sonnenblumenöl)
- 250 g Vollkornreis
- Salz
- schwarzer Pfeffer aus der Mühle
- 600 ml Gemüsebrühe
- 200 g Tempeh
- 2 EL Tamari (japanische Sojasauce)
- 2 EL gehackte Petersilie

Zubereitungszeit: 40 Minuten

1 Die Erdnusskerne grob hacken. Eine beschichtete Pfanne ohne Fett erhitzen und darin die Erdnüsse unter Rühren 1 bis 2 Minuten rösten. Zum Abkühlen auf einen Teller geben.

2 Die Paprikaschoten waschen, längs halbieren, putzen und das Fruchtfleisch in kleine Würfel schneiden. Die Zwiebel abziehen und fein würfeln.

3 In einem Topf 2 Esslöffel Öl erhitzen und darin die Zwiebelwürfel andünsten. Die Paprikawürfel dazugeben und 1 bis 2 Minuten anbraten. Den Reis einstreuen, salzen und pfeffern. Die Gemüsebrühe dazugießen und aufkochen lassen. Die Hitze verringern und den Reis in etwa 30 Minuten fertig garen.

4 Inzwischen Tempeh in etwa 2 x 2 Zentimeter große Stücke schneiden. Das restliche Öl in einer Pfanne erhitzen und darin die Tempehstücke von allen Seiten knusprig braten. Herausnehmen und beiseitelegen.

5 Den Bratensatz mit Tamari ablöschen. Die Petersilie einrühren. Den Pfanneninhalt über die Tempehstücke träufeln. Den Paprikareis abschmecken, die Erdnüsse untermischen und breitflächig auf Teller verteilen. Die saftigen Tempehstücke darauf anrichten.

SOBA-NUDELN MIT MANDELGEMÜSE

vegan

Soba-Nudeln sind japanische braune Nudeln, die aus Buchweizen hergestellt sind. *Soba* ist das japanische Wort für Buchweizen.

Zutaten für 4 Portionen

- Salz
- 200 g Brokkoli
- 200 g Zuckerschoten
- 1 rote Paprikaschote
- 400 g Soba-Nudeln
- 50 g ungesalzene Mandelbutter
- 2 EL Tamari (japanische Sojasauce)
- Saft von 1 Limette
- 1 EL brauner Zucker
- 1 TL Chili-Knoblauch-Sauce (Asia-Laden)
- schwarzer Pfeffer aus der Mühle

Zubereitungszeit: 40 Minuten

1. Zum Blanchieren in einem großen Topf Wasser mit Salz aufkochen. Inzwischen den Brokkoli waschen, putzen, in Röschen teilen und die Strünke in Scheiben schneiden. Brokkoli in das kochende Salzwasser geben und 1 bis 2 Minuten blanchieren. Mit einer Schaumkelle aus dem heißen Wasser herausheben, mit kaltem Wasser abschrecken und abtropfen lassen.
2. Die Zuckerschoten waschen, putzen und quer in kleine Stücke schneiden. Das Salzwasser erneut aufkochen, die Zuckerschoten einlegen, ebenfalls 1 bis 2 Minuten blanchieren, herausheben, mit kaltem Wasser abschrecken und abtropfen lassen.
3. Die Paprikaschote waschen, vierteln, Stielansatz, Trennwände und Samen entfernen und das Fruchtfleisch in mundgerechte Stücke schneiden.
4. Frisches Salzwasser aufkochen und darin die Soba-Nudeln in etwa 5 Minuten bissfest garen.
5. Inzwischen die Mandelbutter mit Tamari, Limettensaft, braunem Zucker und Chili-Knoblauch-Sauce sowie mit 6 bis 7 Esslöffeln des Nudelkochwassers cremig rühren.
6. Die Nudeln abgießen und mit dem Gemüse vermengen. Die Sauce untermischen. Alles abschmecken und auf Teller verteilen.

PAPRIKAGULASCH MIT SEITAN

vegan

Seitan besteht aus hochwertigem Weizeneiweiß und ist nicht für Glutenallergiker geeignet. Da dem Weizenprodukt Stärke entzogen wird, ist es proteinreich.

Zutaten für 4 Portionen

- 2 Zwiebeln
- 2 Knoblauchzehen
- 2 Frühlingszwiebeln
- 2 rote Paprikaschoten
- 4 EL Pflanzenöl (z. B. Weizenkeimöl)
- 500 g Seitan
- 1 TL edelsüßes Paprikapulver
- 1 TL Rosenpaprikapulver
- 1 Prise Kümmel
- 2 EL Tomatenmark
- ½ l Gemüsebrühe
- Salz
- schwarzer Pfeffer aus der Mühle

Zubereitungszeit: 35 Minuten

1. Die Zwiebeln und den Knoblauch abziehen und zunächst in feine Scheiben und dann in feine Streifen schneiden. Die Frühlingszwiebeln waschen, putzen und fein würfeln. Die Paprikaschoten waschen, halbieren, Stielansätze, Trennwände und Samen entfernen und das Fruchtfleisch in Streifen schneiden.
2. Das Öl in einem Topf erhitzen und darin Zwiebeln, Knoblauch und Frühlingszwiebeln etwa 10 Minuten unter Rühren dünsten. Die Paprikastreifen und einige Esslöffel Wasser hinzufügen und weitere 5 Minuten dünsten.
3. Währenddessen den Seitan in etwa 2 x 2 Zentimeter große Stücke schneiden.
4. Den Topfinhalt mit edelsüßem Paprikapulver, Rosenpaprikapulver und Kümmel würzen. Das Tomatenmark einrühren und alles unter Rühren kurz durchrösten.
5. Die Gemüsebrühe dazugießen, kurz aufkochen lassen und die Seitanstücke einrühren. Mit Salz und Pfeffer würzen und 4 bis 5 Minuten leise köcheln lassen.

HIRSEBRATLINGE MIT AUSTERNPILZSAUCE

vegetarisch

Die Verdaulichkeit ist bei Hirse ein wichtiges Thema. Sie wird geschält angeboten, weil ihre harte Fruchtschale ungenießbar ist. Außerdem darf Hirse nicht roh gegessen werden.

Zutaten für 4 Portionen

- 250 g Goldhirse
- ¾ l Gemüsebrühe
- Salz
- schwarzer Pfeffer aus der Mühle
- ½ TL Currypulver
- 1 kleines Bund Petersilie
- 1 kleine Zwiebel
- 1 Knoblauchzehe
- 250 g Austernpilze
- 6 EL Pflanzenöl (z. B. Sonnenblumenöl)
- 200 g Sojasahne
- 2 Eier
- 2 EL Semmelbrösel (Paniermehl)

Zubereitungszeit: 40 Minuten

1. Die Hirse in einem Sieb kalt abspülen und mit ½ Liter kalter Gemüsebrühe in einen Topf geben. Aufkochen, die Hitzezufuhr verringern und die Hirse in etwa 30 Minuten bei schwacher Hitze quellen lassen. Mit Salz, Pfeffer und Currypulver würzen. Gut abkühlen lassen.
2. Inzwischen die Petersilie waschen, trocken schwenken, die Blättchen von den Stielen abzupfen und fein hacken. Die Zwiebel und den Knoblauch abziehen und fein würfeln. Die Austernpilze putzen, waschen und trocken tupfen.
3. In einer Pfanne 2 bis 3 Esslöffel Öl erhitzen und Zwiebel- und Knoblauchwürfel darin andünsten. Die Austernpilze hinzufügen und 3 bis 4 Minuten braten. Mit ¼ Liter Gemüsebrühe ablöschen, die Sojasahne einrühren, salzen und pfeffern. Die Sauce bei schwächster Hitze leise ziehen lassen.
4. Die abgekühlte Hirse mit den Eiern und etwas Paniermehl zu einem Teig mischen. Aus der Masse mit befeuchteten Händen 8 mittlere oder 12 kleinere, flache Bratlinge formen.
5. Das restliche Öl in einer zweiten Pfanne erhitzen und darin die Hirsebratlinge auf jeder Seite knusprig und goldgelb braten. Die Austernpilze abschmecken, etwas Petersilie einrühren und auf Teller verteilen. Die Hirsebratlinge darauf verteilen und mit der restlichen Petersilie bestreuen.

WILHELM WEBER
HAMBURG-SOLINGEN
ROSTFREI

GEMÜSE-GRAUPEN MIT RÄUCHERTOFU

vegan

Das Gericht hat einen hohen Proteingehalt dank Tofu. Graupen hingegen haben wenig Eiweiß. Graupen sind geschälte, polierte Körner von Gerste oder Weizen, leicht verdaulich, fettarm und sättigend.

Zutaten für 4 Portionen

- 1 kleines Bund Suppengemüse (Möhre, Knollensellerie, Lauch)
- 1 kleine Zwiebel
- 1 Knoblauchzehe
- 6 EL Pflanzenöl (z. B. Sonnenblumenöl)
- 200 g Graupen
- 600 ml Gemüsebrühe
- Salz
- schwarzer Pfeffer aus der Mühle
- 1 kleines Bund gemischte Kräuter (Petersilie, Kerbel, Schnittlauch)
- 500 g Räuchertofu

Zubereitungszeit: 45 Minuten

1. Das Suppengemüse putzen, waschen, Möhre und Sellerie schälen. Das Gemüse in kleine Würfel schneiden. Die Zwiebel und den Knoblauch abziehen und fein würfeln.
2. In einem Topf 3 Esslöffel Öl erhitzen und darin die Zwiebel-, Knoblauch- und Gemüsewürfel knapp 5 Minuten andünsten. Die Graupen einstreuen und unter Rühren 2 bis 3 Minuten andünsten.
3. Die Gemüsebrühe dazugießen und alles mit Salz und Pfeffer würzen. Einmal aufkochen lassen, die Hitzezufuhr reduzieren, den Topf mit einem Deckel verschließen und die Graupen in 30 bis 35 Minuten garen.
4. Inzwischen die Kräuter waschen, trocken schwenken, die Blättchen von Petersilie und Kerbel von den Stielen abzupfen und fein hacken, den Schnittlauch in Röllchen schneiden.
5. Kurz vor Ende der Garzeit der Graupen den Räuchertofu in mundgerechte Stücke schneiden. Das restliche Öl erhitzen und die Tofustücke darin rundherum knusprig anbraten.
6. Die Graupen abschmecken und die Kräuter einrühren. Das Gericht auf Teller verteilen und die Tofustücke darauf anrichten.

ROHKOSTSALAT MIT LINSEN

vegan

Linsen enthalten sehr viel Eisen und Vitamine. Rote Linsen schmecken nussig und sind sehr schnell gar, da sie klein sind und schon geschält in den Handel kommen.

Zutaten für 4 Portionen

- 1 große rote Zwiebel
- 5 EL Olivenöl
- 150 g rote Linsen
- 300 ml Gemüsebrühe
- 250 g Frühlingsmöhren (mit Grün)
- 1 gelbe Paprikaschote
- 1 Kohlrabi (ca. 150 g)
- 1 EL Weißweinessig
- 1 TL mittelscharfer Senf
- 1 EL Ahornsirup
- Salz
- schwarzer Pfeffer aus der Mühle

Zubereitungszeit: 20 Minuten

1. Die Zwiebel abziehen und fein würfeln. In einer Pfanne 2 Esslöffel Öl erhitzen und darin die Zwiebelwürfel 1 Minute andünsten. Die Linsen dazugeben und kurz dünsten. Die Brühe dazugießen, einmal kurz aufkochen und die Linsen bei schwacher Hitze unter gelegentlichem Rühren in 8 bis 9 Minuten garen. Abkühlen lassen.
2. Inzwischen die Möhren waschen, putzen und dabei einen Teil vom Grün abzupfen und aufbewahren. Die Möhren nach Belieben schälen und in Scheibchen oder in Stifte schneiden. Das Möhrengrün fein hacken und zur Seite legen.
3. Die Paprikaschote waschen und in Streifen schneiden. Den Kohlrabi waschen, schälen und in dünne Stifte schneiden. Das Gemüse auf Tellern anrichten.
4. Weißweinessig, Senf, Ahornsirup und das restliche Öl zu einem Dressing verrühren. Unter die abgekühlten Linsen mischen. Mit Salz und Pfeffer würzen.
5. Die Rohkostteller löffelweise mit den Linsen überziehen und mit Möhrengrün garnieren.

Variante

Dieser Rohkostteller eignet sich hervorragend, um noch 1 Teelöffel »PURYA! Super Sprouts Leinsamen gekeimt« darüberzustreuen. Dies liefert wertvolle Omega-3-Fettsäuren und unterstützt den nussigen Geschmack der Linsen.

FELDSALAT MIT LUPINE UND MANGODRESSING

glutenfrei

Lupinenfilets werden aus Süßlupinensamen, Wasser und Gewürzen hergestellt. Mit fast 40 Prozent hochwertigem Eiweiß gehören Lupinensamen zu den Top-Eiweißlieferanten.

Zutaten für 4 Portionen

- 150 g Feldsalat
- 1 rote Paprikaschote
- 1 kleine Zwiebel
- 2 süße Mangos (z. B. Flugmangos, à 200 g)
- 1 Saftorange
- 4 EL helles, hitzeunempfindliches Sojaöl
- Salz
- schwarzer Pfeffer aus der Mühle
- Cayennepfeffer
- Currypulver
- 200 g Lupinenfilet

Zubereitungszeit: 30 Minuten

1. Den Feldsalat waschen, gründlich putzen und in einem Sieb abtropfen lassen. Die Paprikaschote waschen, halbieren, Stielansatz, Trennwände und Samen entfernen und das Fruchtfleisch in kleine Würfel schneiden. Die Zwiebel abziehen und fein würfeln.
2. Die Mangos schälen und das Fruchtfleisch von den Kernen abschneiden. Das Fruchtfleisch von einer Mango in kleine Würfel schneiden und zusammen mit dem Feldsalat, den Paprikawürfeln sowie den Zwiebelwürfeln zu einem Salat vermengen.
3. Für das Dressing die Orange halbieren und den Saft auspressen. Den Orangensaft zusammen mit dem Fruchtfleisch der zweiten Mango und 2 Esslöffel Sojaöl mit einem Stabmixer fein pürieren. Nur leicht mit Salz, Pfeffer, Cayennepfeffer und Currypulver würzen.
4. Das Lupinenfilet in mundgerechte Stücke schneiden. Das restliche Öl in einer beschichteten Pfanne erhitzen und darin die Lupinenstücke rundherum 2 bis 3 Minuten goldbraun braten.
5. Den Salat mit dem Dressing vermengen und auf Teller verteilen. Die gebratenen Lupinenstücke darauf anrichten.

SCHWARZAUGENBOHNEN MIT ERDNUSS

glutenfrei

Für eine kräftige Würzung kann hier statt Currypulver auch die Gewürzmischung African Rub – Bockshornklee, Kreuzkümmel, Koriander, Ajowan, Kardamom – genutzt werden.

Zutaten für 4 Portionen

- 50 g ungesalzene Erdnusskerne
- 1 kleine Zwiebel
- 1 Knoblauchzehe
- 1 rote Paprikaschote
- 2 EL Pflanzenöl (z. B. Sonnenblumenöl)
- 1 TL Currypulver
- 1 Dose gekochte Schwarzaugenbohnen (400 g, Black Eye)
- 1 EL Paprikamark
- ¼ l Gemüsebrühe
- Salz
- schwarzer Pfeffer aus der Mühle
- 50 g ungesüßtes Erdnussmus

Zubereitungszeit: 30 Minuten

1. Die Erdnusskerne grob hacken. Eine beschichtete Pfanne ohne Fett erhitzen und darin die Erdnüsse unter Rühren 1 bis 2 Minuten rösten, bis sie duften. Zum Abkühlen auf einen Teller geben.
2. Die Zwiebel und den Knoblauch abziehen und fein würfeln. Die Paprikaschote waschen, halbieren, Stielansatz, Trennwände und Samen entfernen und das Fruchtfleisch in kleine Würfel schneiden.
3. Das Öl erhitzen und darin die Zwiebel-, Knoblauch- und Paprikawürfel 2 bis 3 Minuten andünsten. Mit Currypulver würzen. Die Bohnen abtropfen lassen und hinzufügen.
4. Das Paprikamark mit Gemüsebrühe verrühren und zu den Bohnen rühren. 5 Minuten leise kochen lassen und dabei mit Salz und Pfeffer würzen.
5. Zuletzt das Erdnussmus einrühren und, falls nötig, etwas Wasser hinzufügen – es soll cremig-feucht sein. Einige Minuten bei schwacher Hitze ziehen lassen. Abschmecken, auf Teller verteilen und mit den gerösteten Erdnüssen bestreuen.

Rezepte für Snacks

Bei aller Liebe zu den empfohlenen Essenspausen – zuweilen braucht man doch etwas Leckeres für den Hunger zwischendurch. Es ist gar nicht so schwer, sich in kurzer Zeit einen Snack – etwa aus Hülsenfrüchten, Gemüse und Mandeln – zuzubereiten.

ROTER PAPRIKADIP

glutenfrei

Die Farbe der Paprikaschoten signalisiert deren Reifegrad. Ihre Inhaltsstoffe gleichen sich, doch die ausgereiften gelben und roten Schoten schmecken süßlicher als die grünen.

Zutaten für 4 Portionen

- 4 große rote Paprikaschoten
- 2 EL Olivenöl
- 2 Knoblauchzehen
- 1 Bio-Orange
- 1 EL Honig
- Salz
- schwarzer Pfeffer aus der Mühle
- Cayennepfeffer
- 1 TL heller Aceto Crema (dickflüssiger süßer Essig)

Zubereitungszeit: 30 Minuten

1. Den Backofen auf 200 °C (Umluft: 180 °C, Gas: Stufe 3–4) vorheizen. Ein Backblech mit Backpapier auslegen.
2. Die Paprikaschoten waschen, halbieren und Stielansätze, Trennwände und Samen entfernen. Die Paprikahälften mit den Schnittflächen nach unten auf das Backblech legen, mit 1 Esslöffel Olivenöl bepinseln und im Backofen etwa 25 Minuten rösten, bis die Haut dunkel wird. Die Paprikaschoten aus dem Backofen nehmen, häuten und klein schneiden.
3. Den Knoblauch abziehen und klein schneiden. Die Orange heiß waschen, mit Küchenpapier trocken tupfen und etwas Schale abreiben. Die Orange halbieren und aus einer Hälfte den Saft auspressen.
4. Paprikastücke, Knoblauch, Orangenabrieb und -saft, Honig und das restliche Olivenöl in einem Standmixer oder mit einem Stabmixer pürieren. Mit Salz, Pfeffer, Cayennepfeffer und Aceto Crema würzen.

Tipp

Vor dem Häuten der Paprikaschoten diese nach dem Rösten im Backofen noch ganz heiß in eine lebensmittelgeeignete Plastiktüte geben und 2 bis 3 Minuten nachschwitzen lassen. So löst sich die Haut leichter.

BACKOFEN-MANDELN

glutenfrei

Mandeln sind durch ihren hohen Vitamin-B-Gehalt als Stresskiller und Nervennahrung bekannt. Kaut man sie langsam, verdaut man sie gut und kommt gleich etwas zur Ruhe.

Foto Seite 113 oben

Zutaten für 4 Portionen

- 1 Eiweiß
- 1 TL Salz
- 250 g geschälte Mandeln
- 2 EL Ahornsirup

Zubereitungszeit: 30 Minuten

1. Den Backofen auf 180 °C (Umluft: 160 °C, Gas: Stufe 2–3) vorheizen. Ein Backblech mit Backpapier auslegen.
2. Das Eiweiß mit Salz zu steifem Schnee schlagen. Die Mandeln mit Ahornsirup und Eischnee vermengen und mögliche überflüssige Flüssigkeit in einem Haarsieb abtropfen lassen.
3. Die umhüllten Mandeln auf das Backblech geben und verteilen. Das Backblech auf die mittlere Schiene des heißen Backofens schieben und die Mandeln etwa 15 Minuten rösten, dabei ein- bis zweimal wenden.

variante

Je 125 Gramm Cashewkerne und Mandeln im Backofen etwa 10 Minuten rösten. Herausnehmen, mit Sojasauce – beispielsweise mit glutenfreier Tamari-Sauce – beträufeln und im Backofen 3 bis 4 Minuten weiterrösten, bis sie trocken sind.

Rezept Seite 112
Rezept Seite 114

WÜRZIGE KICHERERBSEN

vegan

Kichererbsen sind reich an Protein, Vitaminen sowie Magnesium und Zink. Die verwendete Gewürzmischung stammt aus Nordafrika, wobei jeder Koch auf seine Mischung schwört.

Foto Seite 113 unten

Zutaten für 4 Portionen

- 400 g gekochte Kichererbsen (Glas oder Dose)
- Salz
- schwarzer Pfeffer aus der Mühle
- 1 EL Ras el-Hanout (nordafrikanische Gewürzmischung)
- 2 EL Sonnenblumenöl

Zubereitungszeit: 35 Minuten

1. Den Backofen auf 200 °C (Umluft: 180 °C, Gas: Stufe 3–4) vorheizen. Ein Backblech mit Backpapier auslegen.
2. Die Kichererbsen in ein Sieb geben und das Wasser (Aquafaba) auffangen, falls es weiterverwendet werden soll (siehe Seite 23). Die Kichererbsen unter kaltem Wasser gründlich waschen, abtropfen lassen und mit Küchenpapier abtrocknen.
3. Die Kichererbsen mit Salz, Pfeffer und Ras el-Hanout würzen und mit Sonnenblumenöl vermischen. Auf dem Backblech verteilen.
4. Das Backblech in den heißen Backofen geben und die gewürzten Kichererbsen unter mehrmaligem Wenden etwa 30 Minuten rösten. Vor dem Verzehr kurz abkühlen lassen.

Tipp

Getrocknete Kichererbsen (etwa 250 Gramm) mit Wasser bedecken und für mindestens 10 Stunden einweichen. Das Einweichwasser abgießen, die Kichererbsen mit frischem Wasser aufkochen, die Hitzezufuhr reduzieren und bei schwacher Hitze 1 ½ Stunden garen. Abgießen, auskühlen lassen und wie im Rezept beschrieben fortfahren.

MÖHRENDIP MIT KOHLRABI

glutenfrei

Das in Möhren enthaltene Karotin ist fettlöslich und kann von unserem Körper nur aufgenommen werden, wenn etwas Fett, etwa Olivenöl, gleichzeitig aufgenommen wird.

Foto Seite 116 rechts

Zutaten für 4 Portionen

- 200 g Möhren
- 100 g Walnusshälften
- 1 Bio-Zitrone
- 1 EL Olivenöl
- 250 g Magerquark
- Salz
- schwarzer Pfeffer aus der Mühle
- 1 Kästchen Kresse
- 1 Kohlrabi (ca. 200 g)

Zubereitungszeit: 15 Minuten

1. Die Möhren waschen, putzen, schälen und auf einer Küchenreibe fein raspeln. Die Walnusshälften grob hacken. Die Zitrone heiß waschen, mit Küchenpapier abreiben und von der Schale etwa die Hälfte fein abreiben. Dann die Zitrone halbieren und den Saft auspressen.
2. Zitronenabrieb, Zitronensaft, Olivenöl und Magerquark miteinander verrühren. Die Möhrenraspel sowie die gehackten Walnüsse unterrühren. Mit Salz und Pfeffer würzen.
3. Die Kresse aus dem Kästchen schneiden, waschen und den Möhrendip damit garnieren.
4. Den Kohlrabi waschen, schälen und zuerst in Scheiben und dann in Stäbe schneiden. Zum Dip servieren.

variante

Zu Möhre und Walnuss passen statt Kohlrabi auch Apfel und Knollensellerie dazu. Also einfach jeweils 100 Gramm klein schneiden und mit proteinreichem, purem Skyr (anstatt Magerquark) sowie Zitronensaft und Olivenöl, wie oben angegeben, vermischen. Mit Salz, Pfeffer und etwas Cayennepfeffer würzen. Mit 1 Esslöffel gehackter Petersilie, anstatt Kresse, garnieren.

Rezept Seite 115

Rezept Seite 117

GERÖSTETER BLUMENKOHL MIT VEGANAISE

vegan

Außen knackig geröstet und innen zart, so schmecken die Blumenkohlröschen aus dem Backofen. Zum Dippen gibt es Mayonnaise ohne Ei – die sogenannte Veganaise.

Foto Seite 116 links

Zutaten für 4 Portionen

- 1 Blumenkohl
- Meersalz
- 2 EL Olivenöl
- ½ TL Currypulver
- schwarzer Pfeffer aus der Mühle
- 100 ml Sojacreme
- 1 TL Agavendicksaft
- 2 EL Dijonsenf
- 200 ml Raps- oder Weizenkeimöl
- Saft von ¼ Zitrone

Zubereitungszeit: 35 Minuten

1. Den Backofen auf 200 °C (Umluft: 180 °C, Gas: Stufe 3–4) vorheizen. Ein Backblech mit Backpapier auslegen.
2. Den Blumenkohl putzen, in Röschen teilen, gründlich waschen und abtropfen lassen.
3. Die Blumenkohlröschen in eine Schüssel geben. Meersalz, Olivenöl, Currypulver und Pfeffer dazugeben und den Blumenkohl durch kräftiges Schwenken gut würzen. Auf das Backblech geben und im heißen Backofen in etwa 25 Minuten knusprig garen. Zwischendurch wenden.
4. Inzwischen Sojacreme, Agavendicksaft und Dijonsenf in ein hohes Gefäß geben und mit den Quirlen eines elektrischen Handrührgerätes cremig rühren. Nach und nach, in einem dünnen Strahl, das Öl untermixen. Es soll eine cremig-feste Masse entstehen. Zuletzt mit Zitronensaft, Salz und Pfeffer würzen.
5. Den Blumenkohl aus dem Backofen holen und mit der Veganaise anrichten.

SESAM-EDAMAME

glutenfrei

Unreif geerntete grüne Sojabohnen – Edamame – sind bekannt geworden, da sie in japanischen Restaurants als Snack serviert werden. Auspalen, reinbeißen und genießen.

Foto Seite 119 links

Zutaten für 4 Portionen

- grobes Meersalz
- 500 g ungeschälte Bio-Edamame (TK)
- 1 EL Sesamöl
- Saft von 1 Limette
- 1 TL weiße geschälte Sesamsamen

Zubereitungszeit: 20 Minuten

1. In einem Topf Wasser mit Salz aufkochen. Die grünen Schoten in das kochende Salzwasser geben und etwa 5 Minuten leise köcheln lassen. Abgießen und abtropfen lassen.
2. Die Edamame in einer Schüssel mit Meersalz, Sesamöl, Limettensaft und Sesamsamen vermischen. Warm oder kalt genießen und vor dem Verzehr auspalen.

Info

Der Name Edamame stammt aus dem Japanischen und heißt übersetzt so viel wie »Bohnen am Zweig« oder »Stängelbohnen«. Sie kommen zuweilen noch am Stängel ins Kochwasser. Gesundes Naschen heißt hier hoher Eiweißgehalt kombiniert mit Vitamin C, Magnesium und Eisen.

Info

»Auspalen« bedeutet: »(Erbsen, Bohnen) aus der Hülse herauslösen«. Man isst also nur die Bohnen, die Hülsen werden nicht verzehrt.

Rezept Seite 118

Rezept Seite 120

RÄUCHERTOFU-DIP

vegan

Geräucherter Tofu lässt sich beliebig würzen – etwa mit Majoran, Piment, Kreuzkümmel, Tomatenmark oder Sojasauce. Man nennt ihn auch »vegane Leberwurst«.

Foto Seite 119 rechts

Zutaten für 4 Portionen

- ½ kleines Bund Schnittlauch
- 1 Schalotte
- 1 Knoblauchzehe
- 200 g Räuchertofu
- 200 g gekochte Kidneybohnen (Dose)
- 2 EL Pflanzenöl (z. B. Sonnenblumenöl)
- Salz
- schwarzer Pfeffer aus der Mühle
- Cayennepfeffer

Zubereitungszeit: 15 Minuten

1. Den Schnittlauch waschen, trocken schwenken, in feine Röllchen schneiden und für die Garnierung zur Seite stellen.
2. Die Schalotte und den Knoblauch abziehen und fein würfeln. Den Tofu klein schneiden. Die Kidneybohnen abtropfen lassen.
3. Das Öl in einem Topf erhitzen und darin Schalotten- und Knoblauchwürfel 1 Minute andünsten. Tofu und Bohnen hinzufügen, 4 bis 5 Minuten erhitzen und alles mit Salz, Pfeffer und Cayennepfeffer würzen.
4. Den Topfinhalt mit 3 bis 4 Esslöffel Wasser verrühren und mit einem Stabmixer grob bis mittelfein pürieren. Abschmecken, in Portionsschalen verteilen und dick mit den Schnittlauchröllchen belegen.

Info

Die Mischung aus geräuchertem Tofu und roten Kidneybohnen wird »vegane Leberwurst« genannt. Sie passt gut auf selbst gebackenes Brot, Knäckebrot oder Reiswaffeln.

GERÖSTETE SOJABOHNEN

vegan

Sojabohnen gibt es in vielen würzigen Varianten fertig als Knabberspaß zu kaufen. Für dieses Rezept werden getrocknete Sojabohnen verwendet, die zuerst eingeweicht werden.

Zutaten für 4 Portionen

- 250 g getrocknete Sojabohnen
- 2 EL Sojasauce

Zubereitungszeit: 45 Minuten plus 8 bis 12 Stunden Einweichzeit

1. Die Sojabohnen in eine Schüssel geben und mit kaltem Wasser bedecken. Vereinzelt schwimmende Bohnen auf der Wasseroberfläche direkt aussortieren, da sie ungenießbar sind. Mindestens 8, besser 12 Stunden einweichen.
2. Den Backofen auf 180 °C (Umluft: 160 °C, Gas: Stufe 2–3) vorheizen. Ein Backblech mit Backpapier auslegen.
3. Das Einweichwasser abgießen. Die Sojabohnen mehrmals durchspülen, gut abtropfen lassen, auf Küchenpapier ablegen und trocken tupfen.
4. Die Sojabohnen zurück in die Schüssel geben, mit Sojasauce vermischen und auf dem Backblech verteilen. Im Backofen unter mehrmaligem Wenden etwa 45 Minuten knusprig rösten.

Tipp

Die gerösteten Sojabohnen direkt vom Backblech knabbern – und den Rest in ein Schraubglas füllen und luftdicht verschließen. Ihre Haltbarkeit beträgt 2 bis 3 Monate, solange das Glas verschlossen ist. Nach dem Öffnen innerhalb von 1 bis 2 Tagen verbrauchen.

BRATPAPRIKA MIT HUMMUS

vegan

Ein schöner grüner Import aus Spanien sind die Pimientos de Padrón, die es mittlerweile in jedem Supermarkt zu kaufen gibt. Doch Vorsicht: Es gibt sie von mild bis scharf.

Zutaten für 4 Portionen

- 200 g kleine milde grüne Bratpaprikaschoten
- 6 EL Olivenöl
- Meersalz

Für den Hummus:

- 1 Dose gekochte Kichererbsen (Abtropfgewicht 265 g)
- 1 EL Sesampaste (Tahin)
- Saft von 1 Zitrone
- 4 EL Olivenöl
- Salz
- schwarzer Pfeffer aus der Mühle
- 1 Prise Rosenpaprikapulver
- 1 Prise gemahlener Kreuzkümmel
- 1 EL gehackte Petersilie

Zubereitungszeit: 30 Minuten

1 Die Paprikaschoten waschen, mit Küchenpapier trocken reiben und mit einer Gabel rundherum einstechen. In einer großen Pfanne 6 Esslöffel Olivenöl erhitzen und darin die Schoten 5 Minuten rundherum braten. Mit Meersalz würzen. Zum Abkühlen auf einen Teller legen.

2 Für den Hummus die Kichererbsen in ein Sieb geben und das Bohnenwasser (Aquafaba) auffangen, falls es weiterverwendet werden soll (siehe Seite 23). Die Kichererbsen gut abtropfen lassen. Kichererbsen, Sesampaste, Zitronensaft und Olivenöl in einen Standmixer geben und fein pürieren. Mit Salz, Pfeffer, Rosenpaprikapulver und Kreuzkümmel würzen.

3 Hummus auf Teller verteilen und mit Petersilie bestreuen. Die Bratpaprika dazu genießen.

Tipp

Wer die Kichererbsen selbst garen möchte, findet die Anleitung dazu beim Rezept »Würzige Kichererbsen« (siehe Seite 114). Manche Köche geben bei der Zubereitung frisch gekochter Kichererbsen etwas Backpulver dazu. Das Ergebnis soll leichter und luftiger in der Konsistenz sein und cremiger schmecken.

ROTES BOHNENMUS MIT GEMÜSESTICKS

glutenfrei, vegan

Das Mus soll eine cremige Konsistenz haben, sodass es sowohl gut zum Dippen als auch zum Streichen ist. Das Gemüse kann nach saisonalem Angebot gewählt werden.

Zutaten für 4 Portionen

- 1 kleine Zwiebel
- 2 Knoblauchzehen
- 4 EL Olivenöl
- 250 g gekochte Kidneybohnen (Dose)
- Salz
- schwarzer Pfeffer aus der Mühle
- Cayennepfeffer
- 4 Stangen Staudensellerie
- 1 große Möhre

Zubereitungszeit: 20 Minuten

1. Die Zwiebel und den Knoblauch abziehen und fein würfeln. 1 Esslöffel Olivenöl in einer Pfanne erhitzen und die Zwiebel- und Knoblauchwürfel darin 1 bis 2 Minuten glasig dünsten.
2. Die Kidneybohnen abtropfen lassen und mit dem restlichen Olivenöl cremig mit einem Stabmixer pürieren.
3. Zwiebel und Knoblauch unter das Bohnenmus mischen. Mit Salz, Pfeffer und Cayennepfeffer kräftig würzen.
4. Sellerie waschen und putzen. Möhre waschen, putzen und schälen. Das Gemüse in handliche Sticks schneiden und zum roten Dip servieren.

variante

Den Dip nach Belieben zusätzlich mit frisch gehackter Petersilie oder Koriandergrün würzen.

Rezepte für Süßes

Feine Köstlichkeiten für die Seele – mit frischen oder getrockneten Früchten, Chiasamen, Kokosflocken und viel dunkler Schokolade. Nachfolgend kommen Rezeptbeispiele, die Sie anregen sollen, selbst in der Küche aktiv zu werden, um die besonderen Momente zu versüßen.

DATTELKUGELN MIT KOKOS

vegan

Datteln sind von Natur aus süß, doch sie enthalten auch beachtliche Mengen an Kalium, Eisen und Zink. In Kombination mit Proteinpulver wird daraus ein feiner Happen.

Zutaten für 4 Portionen

- 300 g Datteln
- 1 Orange
- 1 EL PURYA! Bio Sonnenblumen Protein Pulver
- 100 g gemahlene Haselnüsse

Zum Wälzen:

- etwa 100 g Kokosraspel

Zubereitungszeit: 30 Minuten

1. Die Datteln entsteinen. Die Orange waschen, halbieren und den Saft auspressen.
2. Orangensaft und Eiweißpulver in einen Standmixer geben und miteinander vermischen. Die Datteln dazugeben und alles zu Mus fein pürieren.
3. Die Masse in eine Schüssel umfüllen. Nach und nach die gemahlenen Haselnüsse unterkneten, sodass ein kompakter Teig entsteht.
4. Den Dattelteig mit befeuchteten Händen zu kleinen Bällchen formen. Die Kokosraspel in einen tiefen Teller geben und die Dattelbällchen darin wenden.

Tipp

Einfach eine 250-Gramm-Packung entsteinte Datteln kaufen.

Tipp

Dattelkugeln auf einen Teller geben, mit Klarsichtfolie abdecken und zur Aufbewahrung in den Kühlschrank stellen. Innerhalb von 3 Tagen verzehren.

SCHOKO-MUS MIT DATTELN UND APRIKOSEN

vegan

Je höher der Kakaoanteil der Schokolade, desto weniger süß wird das Schoko-Mus. In diesem Rezept wird seine dezente Süße durch die Fruchtsüße von Trockenfrüchten unterstützt.

Zutaten für 4 Portionen

- 200 g dunkle Schokolade (mindestens 80 % Kakaoanteil)
- 250 g Sojasahne
- 50 g getrocknete entsteinte Datteln
- 50 g getrocknete Aprikosen

Zum Abdecken:

- Frischhaltefolie

Zubereitungszeit: 25 Minuten plus 4 Stunden Kühlzeit

1. Ein Wasserbad vorbereiten, um die Schokolade zu schmelzen. Dafür einen Topf mit etwas Wasser füllen, eine hitzebeständige Schüssel einsetzen – die zwar am Topfrand hängt, aber nicht mit dem Wasser in Berührung kommt – und das Wasser aufkochen. Dann die Hitzezufuhr so reduzieren, dass das Wasser nur schwach köchelt.
2. Die Schokolade in Stücke brechen, in die Schüssel geben und über dem warmen Wasserbad behutsam schmelzen lassen.
3. Die Sojasahne steif schlagen und die geschmolzene Schokolade unterheben. So lange rühren, bis eine homogene Mischung entstanden ist. Mit Frischhaltefolie abdecken und für mindestens 4 Stunden in den Kühlschrank stellen.
4. Datteln und Aprikosen klein schneiden. Das Schoko-Mus in Portionsschalen verteilen und mit den Trockenfrüchten garnieren.

Tipp

Das Schoko-Mus mit süßen, saftigen Früchten wie Mango, Pfirsich, Erdbeeren, Lychees, Kirschen oder Melone servieren.

SÜSSER BULGUR MIT CHIASAMEN

vegetarisch

Bulgur wird aus Hartweizenkörnern hergestellt. Seine problemlose schnelle Zubereitung sowie die Kombinationsmöglichkeiten machen diesen Energiespender so beliebt.

Foto Seite 133 oben

Zutaten für 4 Portionen

- 100 g Bulgur
- 200 g Sojajoghurt
- 1 EL Honig
- 2 süße saftige Pfirsiche
- 1 EL PURYA! Chia-Samen
- 1 EL ungesüßte Kokosraspeln
- 2 EL gehackte Haselnüsse
- 1 Prise gemahlener Zimt

Zubereitungszeit: 15 Minuten

1. Den Bulgur in eine Schüssel geben, mit 200 Milliliter heiß siedendem Wasser begießen und 8 bis 10 Minuten quellen lassen.
2. Den Joghurt mit Honig süßen und unter den Bulgur rühren. Den Bulgur-Joghurt in Portionsschalen verteilen.
3. Die Pfirsiche waschen, entsteinen und in Streifen schneiden. Den Bulgur-Joghurt mit Pfirsichstücken belegen und mit Chiasamen, Kokosraspeln, Haselnüssen und Zimt bestreuen.

variante

Statt Sojajoghurt Sojadrink verwenden. Dafür den 1 Esslöffel »PURYA! Chia-Samen« mit 200 Milliliter Sojadrink verrühren und 1 Stunde quellen lassen. Parallel dazu den Bulgur einweichen – wie im Rezept beschrieben – und mit Honig und Zimt würzen. Beides zusammen mit den Pfirsichstreifen schichtweise in Portionsschalen geben und mit Haselnüssen und Kokosraspeln bestreuen.

Rezept Seite 132
Rezept Seite 134

GRANOLA MIT BUCHWEIZEN UND AMARANTH

vegan

Diese Variante des beliebten Knuspermüslis erhält seine Süße durch Trockenobst und Agavendicksaft. Amaranth, Buchweizen und Quinoa bringen Eiweiß und Mineralstoffe mit ein.

Foto Seite 133 unten

Zutaten für etwa 700 Gramm

- 100 g Datteln
- 100 g Buchweizen
- 100 g Quinoa
- 200 g Haferflocken
- 1 Vanilleschote
- 2 EL Carobpulver
- 100 g gepuffter Amaranth
- 50 g getrocknete Bananenchips
- 2–3 EL Agavendicksaft
- 50 g Kokosöl

Zubereitungszeit: 35 Minuten

1. Den Backofen auf 160 °C (Umluft: 140 °C, Gas: Stufe 1–2) vorheizen. Ein Backblech mit Backpapier auslegen.
2. Die Datteln klein schneiden und mit Buchweizen, Quinoa und Haferflocken in eine Schüssel geben.
3. Die Vanilleschote längs aufschlitzen und das Mark herausschaben. Vanillemark, Carobpulver, Amaranth, Bananenchips, Agavendicksaft und Kokosöl in die Schüssel geben. Alles gut miteinander vermischen.
4. Die Müslimischung auf dem Backblech verteilen. Das Backblech in den Backofen schieben und das Granola in etwa 30 Minuten goldgelb und knusprig backen. Zwischendurch mit einem Spatel die Zutaten lockern und durchmischen. Bei Zimmerwärme vollständig abkühlen lassen.

Tipp

Granola auf Vorrat backen, in Schraubgläser luftdicht verschließen – und wenn der kleine süße Hunger kommt: naschen.

SMOOTHIE-BOWL MIT FRÜCHTEN

vegan

Smoothies zum Löffeln, in einer Schüssel (Bowl) angerichtet – auch optisch ein Genuss. Die bunt bestückten Schüsseln strotzen vor Protein, Energie und Vitaminen.

Foto Seite 136 links

Zutaten für 4 kleine Portionen

- 400 ml Reisdrink
- 2 EL PURYA! Vegan Protein Drink Raw
- 4 EL PURYA! Chia-Samen
- ½ Honigmelone
- 150 g kleine süße Erdbeeren

Zubereitungszeit: 10 Minuten plus 1 Stunde Einweichzeit

1. Den Reisdrink mit dem Proteinpulver kurz mixen, bis alles aufgelöst ist. Mit Chiasamen verrühren, abdecken und für 1 Stunde in den Kühlschrank stellen.
2. Die Honigmelone schälen, entkernen und das Fruchtfleisch in kleine Stücke schneiden. Die Erdbeeren waschen, putzen und je nach Größe ganz lassen oder halbieren.
3. Den Chiabrei durchrühren, in kleine Portionsschalen verteilen und mit den Früchten garnieren.

Rezept Seite 137

Rezept Seite 135

SCHOKO-DESSERT MIT AQUAFABA

vegan

Dieses Dessert eignet sich gut als Resteverwertung von abzugießender Flüssigkeit von Kichererbsen aus der Dose. Das Bohnenwasser Aquafaba ist proteinreich und lässt sich wie Eischnee aufschlagen.

Foto Seite 136 rechts

Zutaten für 4 kleine Portionen

- 100 g Schokolade (70 % Kakaoanteil)
- Kichererbsenwasser von 1 Dose gekochter Kichererbsen (Abtropfgewicht 240 g)
- 1 Päckchen Sahnesteif

Zubereitungszeit: 15 Minuten plus 1 Stunde Kühlzeit

1. Ein Wasserbad vorbereiten, um die Schokolade zu schmelzen, wie im Rezept »Schoko-Mus mit Datteln und Aprikosen« auf Seite 130 beschrieben.
2. Die Schokolade in Stücke brechen, in die Schüssel geben und über dem warmen Wasserbad behutsam schmelzen lassen.
3. Beim Zubereiten eines anderen Rezeptes (beispielsweise »Bratpaprika mit Hummus« von Seite 123) das Kichererbsenwasser von Dose oder Glas in einer Schüssel auffangen. Die Flüssigkeit mit den Quirlen eines elektrischen Handrührgerätes etwa 5 Minuten schaumig schlagen.
4. Das Sahnesteifpulver hinzufügen und weiterschlagen, bis ein steifer Schnee entstanden ist.
5. Die geschmolzene Schokolade unter die Masse unterrühren. Das Schoko-Dessert für 1 Stunde in den Kühlschrank stellen.

Tipp

Beim Aufschlagen des Kichererbsenwassers 1 Esslöffel »PURYA! Vegan High Protein Shake Choco«-Pulver mitmixen. Das Proteinpulver enthält neben Reis- und Sonnenblumenprotein, Magnesium und Eisen auch Kokosblütenzucker, der dem Dessert etwas Süße gibt.

SMOOTHIE AUS WASSERMELONE MIT SÜSSEN TOMATEN

vegan

Kalt und erfrischend, vitaminreich und lecker – als Dessert oder bei sommerlichen Temperaturen als kleine Erfrischung für zwischendurch.

Zutaten für 4 Portionen

- 1 kg Wassermelone
- 250 g süße Cherry-Rispentomaten
- 1 kleine Salatgurke
- 5 TL Olivenöl
- 2 TL Zitronensaft
- 1 EL Minzeblätter, in Streifen geschnitten

Zubereitungszeit: 15 Minuten

1. Die Wassermelone schälen, die Kerne entfernen und das Fruchtfleisch in kleine Stücke schneiden. Die Tomaten waschen und in kleine Stücke schneiden. Die Gurke schälen und in mundgerechte Stücke schneiden.
2. Alle Zutaten – bis auf die Minze – in einem Standmixer oder mit einem Stabmixer kräftig mixen und pürieren.
3. Das Getränk in Gläser füllen und mit Minzestreifen garnieren.

Variante

1 gestrichenen Esslöffel »PURYA! Sonnenblumen Protein« mitmixen. Das gibt einen leicht nussigen Geschmack und erhöht den Proteingehalt des Getränkes.

Tipp

Mit selbst gemachten Eiswürfeln genießen. Dazu in jede Vertiefung eines Eiswürfelbehälters ein Minzeblättchen legen, mit Wasser auffüllen und gefrieren lassen. Zwei Eiswürfel in ein Glas geben und mit dem Melonengetränk auffüllen. Oder einzelne gefrorene Weintrauben als »essbare Eiskühler« dazugeben.

Rezepte für Brot und Gebackenes

Herzhaft oder süß – frisch Gebackenes aus Backofen und Pfanne verführt mit Aroma und Geschmack.
Ob Brot aus Emmer, Pfannkuchen aus Buchweizen, Brötchen aus Roggen oder Muffins aus Dinkel – alle Gebäckstücke sind sättigend und nahrhaft zugleich.

VOLLKORN-PIZZASCHNITTEN MIT TOMATEN

vegetarisch

Dieser Vollkorn-Quark-Teig gibt lang anhaltende Energie. Die Teigfläche nach Belieben wie bei einer Pizza belegen und warm oder kalt genießen. Zum Mitnehmen geeignet.

Zutaten für 24 Stück

Für den Teig:

- 300 g Weizenvollkornmehl
- 250 g Magerquark
- 3 EL Olivenöl
- 3 TL Backpulver
- 1 Ei
- 1 EL Wasser
- 1 TL Salz

Für den Belag:

- 250 g geschälte Tomaten mit Saft (Dose)
- Salz
- schwarzer Pfeffer aus der Mühle
- 1 TL getrocknete italienische Kräuter
- 1 EL Olivenöl

Zum Backen:

- 1 EL Pflanzenöl
- Mehl für die Arbeitsfläche

Zubereitungszeit: 60 Minuten

1. Den Backofen auf 200 °C (Umluft: 180 °C, Gas: Stufe 3–4) vorheizen. Ein Backblech mit Öl bestreichen.
2. Vollkornmehl, Magerquark, Olivenöl, Backpulver, Ei, Wasser und Salz in eine Schüssel geben und mit den Knethaken eines elektrischen Handrührgerätes zu einem Teig rühren.
3. Den Teig auf einer bemehlten Arbeitsfläche ausrollen und auf das Backblech legen.
4. Die Tomaten zerquetschen und mit etwas Tomatensaft auf dem Teig verteilen. Mit Salz, Pfeffer und Kräutern bestreuen und mit Olivenöl beträufeln.
5. Die Pizza in den vorgeheizten Backofen schieben und in etwa 30 Minuten backen. Anschließend in Schnitten schneiden.

Tipp

150 Gramm Käseraspeln – Gouda und Mozzarella vermischt – auf die Tomaten streuen.

LINSEN-PFANNENFLADEN

vegetarisch

Proteinreich mit Pflanzenkraft – »plant-based« – und sehr lecker. Die Fladen eignen sich gut zum Mitnehmen, zum Einfrieren und halten sich für 2 bis 3 Tage im Kühlschrank.

Zutaten für 12 Stück

- 200 g rote Linsen (oder braune)
- 1 kleine Zwiebel
- 1 kleines Bund Petersilie
- 2 EL Olivenöl
- Salz
- schwarzer Pfeffer aus der Mühle
- Cayennepfeffer
- ½ l heiße Gemüsebrühe
- 1 Ei
- 3 EL Vollkorn-Paniermehl

Zum Braten:

- 100 ml Sonnenblumenöl

Zubereitungszeit: 35 Minuten

1. Die Linsen in ein Sieb geben, unter fließendem Wasser gründlich waschen und abtropfen lassen. Die Zwiebel abziehen und fein würfeln. Die Petersilie waschen, trocken schütteln, die Blättchen von den Stielen abzupfen und fein hacken.
2. In einem Topf das Olivenöl erhitzen und darin die Zwiebelwürfel glasig andünsten. Die Linsen hinzufügen und 2 bis 3 Minuten rühren. Dabei mit Salz, Pfeffer sowie mit Cayennepfeffer würzen. Die Gemüsebrühe dazugießen. Nach dem ersten Aufkochen die Linsen so lange leise köcheln lassen, bis keine Flüssigkeit mehr da ist; das dauert etwa 15 Minuten. Die Petersilie unter die Linsen rühren. Die Linsen zum Erkalten in eine Schüssel umfüllen.
3. Die kalten Linsen mit dem Ei und dem Paniermehl vermischen. Mit befeuchteten Händen 12 flache Linsenfladen formen. Das Sonnenblumenöl erhitzen und darin portionsweise die Linsenfladen goldbraun und knusprig ausbacken. Auf Küchenpapier entfetten.

Tipp

Die Pfannenfladen mit einem Erbsenaufstrich bestreichen. Dazu 250 Gramm tiefgekühlte Erbsen auftauen, in Salzwasser 2 Minuten kochen, abgießen und mit kaltem Wasser abschrecken. Zusammen mit 3 Esslöffel Olivenöl, dem Saft von ½ Zitrone und den Blättchen von ½ kleinen Bund Petersilie mixen.

MAIS-PAPRIKA-MUFFINS

vegetarisch

Diese pikanten Muffins am besten auf Vorrat backen und portionsweise einfrieren. Sie schmecken zum Frühstück genauso wie als Pausensnack im Büro.

Zutaten für 12 Stück

- 1 kleine rote Paprikaschote
- 1 kleine grüne Paprikaschote
- 150 g Gemüsemais (Glas)
- 1 Ei
- 6 EL Weizenkeimöl
- 300 g Naturjoghurt
- 125 g Weizenmehl (Type 405)
- 125 g Weizenvollkornmehl
- 1 Päckchen Backpulver
- 150 g geriebener Käse (z. B. Gouda)
- 1 kräftige Prise Salz
- schwarzer Pfeffer aus der Mühle

Außerdem:

- 12 Muffin-Papierförmchen

Zubereitungszeit: 40 Minuten

1. Den Backofen auf 200 °C (Umluft: 180 °C, Gas: Stufe 3–4) vorheizen. Die Vertiefungen eines Muffinblechs mit Papierförmchen auskleiden.
2. Die Paprikaschoten waschen, halbieren, Stielansätze, Trennwände und Samen entfernen und das Fruchtfleisch in feine Würfel schneiden. Den Gemüsemais abtropfen lassen.
3. Für den Teig Ei, Öl und Joghurt miteinander verrühren. Nach und nach die beiden Mehlsorten, das Backpulver sowie den Käse unterrühren. Zuletzt die Paprikawürfel und die Maiskörner hinzufügen. Mit Salz und Pfeffer würzen.
4. Die Papierförmchen mithilfe eines Esslöffels zu zwei Drittel ihrer Höhe mit Teig füllen. Das Muffinblech in den vorgeheizten Backofen schieben und die Muffins in etwa 25 Minuten backen.

Tipp

Sollte kein Muffinblech zur Verfügung sein, einfach zwei Papierförmchen übereinanderstülpen, mit Teig füllen und auf ein Backblech setzen.

DINKELVOLLKORN-FOCACCIA

vegan

Ein knuspriger italienischer »Kuchen«, so die italienische Übersetzung von Focaccia. Mit Dinkelvollkorn und Rosmarin schmeckt die Focaccia besonders gut.

Foto Seite 149 links

Zutaten für 1 Backblech

- 1 Päckchen Trockenhefe
- 1 Prise Rohrohrzucker
- 500 g Dinkelvollkornmehl
- 2 Zweige Rosmarin
- 1 TL Salz
- 100 ml Olivenöl

Für die Arbeitsfläche:

- Hartweizengrieß

Für den Ruhevorgang:

- Klarsichthülle

Zubereitungszeit: 1 Stunde plus 1 Stunde Ruhezeit

1 Trockenhefe und Zucker in gut 300 Milliliter lauwarmem Wasser auflösen. Das Mehl in eine große Schüssel sieben, in der Mitte eine Mulde formen und darein das Hefewasser gießen. Mit etwas Mehl vom Rand bestäuben, die Schüssel mit einem Tuch abdecken und den Vorteig 30 Minuten ruhen lassen.

2 Den Rosmarin waschen, trocken schütteln, die Nadeln abzupfen und etwas kleiner schneiden. Den Vorteig mit Salz und 1 Esslöffel Olivenöl zu einem geschmeidigen Teig kneten. Zu einem Kloß formen, in Klarsichtfolie wickeln und nochmals bei Zimmertemperatur 30 Minuten ruhen lassen.

3 Den Backofen auf 200 °C (Umluft: 180 °C, Gas: Stufe 3–4) vorheizen. Ein Backblech mit 50 Milliliter Olivenöl ausgießen bzw. ausfetten. Auf einer Arbeitsplatte etwas Hartweizengrieß ausstreuen, darauf den Teig nochmals durchkneten, in drei Stücke teilen, runde Fladen auswellen und auf das Backblech legen.

4 Mit den Fingern auf der Teigoberfläche Vertiefungen formen. Darauf Rosmarin verteilen und mit dem restlichen Olivenöl beträufeln. Das Backblech in den vorgeheizten Backofen auf die mittlere Schiene stellen und die Focaccia in 25 bis 30 Minuten knusprig backen.

Rezept Seite 148
Rezept Seite 150

EMMERBROT MIT GEMISCHTEN KERNEN

vegan

Dieses kernige Brot ist einfach und schnell gemacht. Die Hefe entwickelt sich während des Aufheizvorgangs des Backofens und der Essig bringt eine süße Säure ein.

Foto Seite 149 rechts

Zutaten für 1 Brot

- 500 g Emmermehl
- 1 TL Salz
- 1 Päckchen Trockenhefe
- 2 EL weißer Aceto balsamico
- 150 g Kernemischung (Sonnenblumen, Kürbis, Sojakerne, Pinienkerne)

Zum Backen:

- 1 Kastenform (26 x 11 x 6 cm)
- 1 EL Sonnenblumenöl
- etwas Mehl zum Bestäuben

Zubereitungszeit: 70 Minuten

1 Das Mehl und das Salz in eine Schüssel sieben. Die Trockenhefe in 450 Milliliter lauwarmem Wasser auflösen und zum Mehl gießen. Aceto balsamico und die Kernemischung hinzufügen. Zunächst mit einem Löffel verrühren und dann mit Händen zu einem Teig kneten.

2 Eine Kastenform mit Sonnenblumenöl auspinseln. Den Teig einfüllen und diesen an der Oberfläche zwei- bis dreimal quer einschneiden. Mit etwas Mehl bestäuben.

3 Die Kastenform in den kalten Backofen stellen. Den Backofen auf 200 °C (Umluft: 180 °C, Gas: Stufe 3–4) aufheizen und das Brot 60 Minuten backen.

info

Die Hefe kann sich entwickeln, während sich der Backofen aufheizt. Die Arbeitsvorgänge für dieses schnelle Brot sind einfach und problemlos.

variante

Anstatt der Kernemischung können auch gemischte Nüsse oder Samen verwendet werden.

KNÄCKEBROT MIT SESAM

vegan

Knäckebrot passt gut zu »Feldsalat mit Lupine und Mangodressing« (siehe Seite 104), dem süßen »Mandel-Carob-Aufstrich« (siehe Seite 54) oder dem pikanten »Rote-Linsen-Limetten-Aufstrich« (siehe Seite 47).

Zutaten für 1 Backblech

- 150 g mittelfeine Haferflocken
- 150 g Weizenschrot (Type 1700)
- 100 g Sesam
- 1 TL Meersalz (ohne Zusätze)

Zum Backen:

- 1 EL Olivenöl

Zubereitungszeit: 1 Stunde 15 Minuten plus 1 Stunde Quellzeit

1. Haferflocken und Weizenschrot in eine Schüssel geben und mit 400 Milliliter Wasser gründlich verrühren. Die Schüssel mit einem Tuch abdecken und den Brei bei Zimmertemperatur 1 Stunde quellen lassen.
2. Den Backofen auf 180 °C (Umluft: 160 °C, Gas: Stufe 2–3) vorheizen. Ein Backblech mit Olivenöl ausstreichen.
3. Sesam und Meersalz unter den Teig mischen und die Teigmasse dünn auf das Backblech streichen.
4. Das Backblech in den vorgeheizten Backofen auf die mittlere Schiene schieben und den Teig zunächst 15 Minuten backen. Das Backblech nach dieser Backzeit aus dem Backofen nehmen und die Teigfläche mit einem scharfen Messer in etwa 3 x 7 Zentimeter große Streifen ein-, aber nicht durchschneiden.
5. Das Backblech wieder zurück in den Backofen geben und den Teig weitere 35 Minuten backen, bis er knusprig und goldbraun ist.
6. Aus dem Backofen nehmen und den Teig auf dem Backblech noch etwa 20 Minuten abkühlen lassen. Anschließend in Stücke brechen.

Tipp

Die fertigen Kräcker komplett auskühlen lassen und auf Vorrat luftdicht in Dosen verwahren.

PFANNKUCHEN FÜR WRAPS

vegan

Wraps sind buchstäblich in aller Munde. Nicht nur als Reiseproviant schnell noch am Bahnhof beim Bäcker gekauft finden sie ihre Liebhaber. Man kann sie genauso gut für zu Hause herstellen.

Zutaten für 4 Portionen

- 200 g Weizenvollkornmehl
- ½ TL Salz
- 400 ml Vollmilch
- 2 Eier
- 4–6 EL Rapsöl

Zubereitungszeit: 30 Minuten

1 Mehl, Salz, Mich und Eier in eine Schüssel geben und mit den Quirlen eines elektrischen Handrührgeräts einen glatten Rührteig herstellen. Die Schüssel abdecken und den Teig 10 Minuten quellen lassen.

2 Rapsöl in einer beschichteten Pfanne erhitzen und darin portionsweise acht dünne Pfannkuchen backen. Diese einzeln auf einer Arbeitsfläche auslegen und abkühlen lassen.

variante

Frisch aus der Pfanne die Pfannküchlein auf Teller legen und nach Belieben bestücken, beispielsweise mit Kräuterquark bestreichen und mit dünnen Streifen von Möhren, Gurken, Paprika, Eisbergsalat und/oder Frühlingszwiebeln bestreuen.

Tipp

Die Kunst des Wrap-Wickelns besteht darin, die Zutaten ganz eng in die Teigfladen einzuwickeln. Die Wraps dann in der Mitte schräg durchschneiden, in Folie einwickeln und bis zum Verzehr im Kühlschrank aufbewahren.

BUCHWEIZENPFANNKUCHEN

vegetarisch

Von Osteuropa bis Russland liebt man Pfannkuchen aus Buchweizenmehl. In diesem Rezept wird das Mehl durch Dinkelvollkornmehl ergänzt und mit Sirup und Sahne verfeinert.

Zutaten für 8 Stück

- 100 g Buchweizenmehl
- 100 g Dinkelvollkornmehl
- 1 Prise Salz
- ½ Würfel frische Hefe
- 1 TL Ahornsirup
- 50 g saure Sahne
- 8 EL Rapsöl

Zubereitungszeit: 30 Minuten plus 30 Minuten Ruhezeit

1. Die beiden Mehlsorten mit 1 Prise Salz in eine Schüssel sieben. Die Hefe in 250 Milliliter lauwarmem Wasser mit Ahornsirup verrühren und in die Mehlmischung gießen.
2. Saure Sahne hinzufügen und mit den Quirlen eines elektrischen Handrührgeräts einen zähflüssigen glatten Teig rühren. Die Schüssel mit einem Tuch abdecken und den Teig 30 Minuten ruhen lassen.
3. In einer kleinen beschichteten Pfanne je 1 Esslöffel Rapsöl erhitzen, eine Portion Teig eingießen, anbacken lassen, wenden und fertig backen. Nacheinander acht Pfannkuchen backen, aus der Pfanne nehmen, auf Küchenpapier abtropfen lassen und, zwischen Alufolie gestapelt, warm halten.

Variante

Die Blinis – so nennt man die Pfannküchlein auch – mit Ziegenkäse überbacken oder mit Frischkäse bestreichen und mit Streifen von Zucchini und Möhren belegen.

DINKELMUFFINS MIT KRÄUTERN

vegetarisch

Muffins müssen nicht immer süß sein. Als herzhafte Gebäckstücke eignen sie sich auf ideale Art, um für unterwegs eine vollwertige Nahrung mitnehmen zu können.

Zutaten für 12 Stück

- 200 g Magerquark
- 4 EL Olivenöl
- 50 g saure Sahne
- 2 Eier
- Salz
- 250 g Dinkelmehl (Type 630)
- 1 Päckchen Backpulver
- 150 g gemischte Kräuter (z. B. Petersilie, Kerbel, Dill, Schnittlauch)
- 3 EL flüssige Butter

Zum Backen:

- 12 Muffin-Papierförmchen

Zubereitungszeit: 35 Minuten

1. Den Backofen auf 180 °C (Umluft: 160 °C, Gas: Stufe 2–3) vorheizen. Die Vertiefungen eines Muffinblechs mit Papierförmchen auskleiden.
2. Magerquark, Olivenöl, saure Sahne und Eier mit 1 Prise Salz verrühren. Das Dinkelmehl mit dem Backpulver sieben und unter die Quarkmasse rühren.
3. Die Kräuter waschen, trocken schwenken, die Blättchen von den Stielen abzupfen, fein hacken und unter den Teig mischen.
4. Die Papierförmchen mithilfe eines Esslöffels zu zwei Drittel ihrer Höhe mit Teig füllen (er geht beim Backen durch das Backpulver auf) und die Teigoberflächen mit Butter bestreichen.
5. Das Muffinblech in den vorgeheizten Backofen schieben und die Muffins in 20 bis 25 Minuten backen.

Tipp

2 Knoblauchzehen abziehen, würfeln und mit den Kräutern unter den Teig heben. Oder den Teig mit 1 Messerspitze Currypulver oder 1 bis 2 Prisen Cayennepfeffer würzen.

ROGGENBRÖTCHEN MIT QUARK

vegetarisch

Vollwertig werden die Brötchen bei Verwendung von Roggenvollkornmehl. Wie der Name sagt, wird hierfür das volle Korn vermahlen. Vollkorn macht satt – für lange Zeit.

Zutaten für 16 Stück

- 500 g Roggenvollkornmehl
- 1 Päckchen Backpulver
- 1 TL Salz
- 1 EL Honig
- 500 g Magerquark
- 2 Eier

Für die Arbeitsfläche:

- Mehl

Zum Backen:

- Backpapier

Zubereitungszeit: 40 Minuten

1. Den Backofen auf 200 °C (Umluft: 180 °C, Gas: Stufe 3–4) vorheizen. Ein Backblech mit Backpapier auslegen.
2. Das Roggenvollkornmehl auf eine Arbeitsfläche sieben. Backpulver und Salz dazusieben, unter das Mehl mischen und dieses etwas anhäufen. In der Mitte des Haufens eine Mulde formen und Honig, Magerquark und Eier hineingeben. Von innen her die Zutaten mit dem Mehl verrühren und dann alles mit den Händen zu einem Teig kneten.
3. Den Teig in 16 Portionen teilen und zu Brötchen formen. Jedes Brötchen mit einem nassen Messer oben kreuzweise etwas einritzen.
4. Die Brötchen auf das mit Backpapier belegte Backblech geben und auf der mittleren Schiene im vorgeheizten Backofen 25 bis 30 Minuten backen.

variante

Andere Mehlsorten wie beispielsweise Dinkelvollkornmehl oder zur Hälfte Gerstenvollkorn- und zur anderen Hälfte Weizenvollkornmehl verwenden.

REZEPTREGISTER

SACHREGISTER

IMPRESSUM

2. Auflage 2022

HINWEISE

Das vorliegende Buch wurde sorgfältig erarbeitet. Dennoch erfolgen alle Angaben ohne Gewähr. Weder die Autoren noch der Verlag können für eventuelle Nachteile oder Schäden, die aus den im Buch gegebenen praktischen Hinweisen resultieren, eine Haftung übernehmen.

Sollte diese Publikation Links auf Webseiten Dritter enthalten, so übernehmen wir für deren Inhalte keine Haftung, da wir uns diese nicht zu eigen machen, sondern lediglich auf deren Stand zum Zeitpunkt der Erstveröffentlichung verweisen.

BILDNACHWEIS

Bildredaktion: Sabine Kestler

Fotografie und Styling: Udo Einenkel

Foodstyling: Udo Einenkel und Roland Göbel

Mit Ausnahme von: Adobe Stock: 8 (sriba3), 27 (mnimage), 31 (katrinshine), 35 (xiquence): Shutterstock: 20 (OlgaPhoenix)

Mit freundlicher Unterstützung der Firma PURYA! (www.purya.de)

PROJEKTLEITUNG: Hannes Frisch

REDAKTION: Dr. Ute Paul-Prößler

KORREKTORAT: Susanne Schneider

COVERGESTALTUNG: OH, JA! (www.oh-ja.com) unter Verwendung eines Motivs von Udo Einenkel

LAYOUT UND SATZ, DTP: LAYER-CAKE, Jürgen Kiermeier, Glonn, www.layer-cake.de

LITHO: Mohn Media Mohndruck GmbH, Gütersloh

HERSTELLUNG: Elke Cramer

DRUCK UND BINDUNG: Alföldi Nyomda Zrt, Debrecen

Printed in Hungary

ISBN: 978-3-517-09788-6

MIX
Papier | Fördert gute Waldnutzung
FSC® C010328

Penguin Random House Verlagsgruppe
FSC® N001967